MOREIRA DE ACOPIARA

LAMPIÃO NA TRILHA DO CANGAÇO

MOREIRA DE ACOPIARA

LAMPIÃO NA TRILHA DO CANGAÇO

Principis

Esta é uma publicação Principis, selo exclusivo da Ciranda Cultural
© 2022 Ciranda Cultural Editora e Distribuidora Ltda.

Texto
© 2022 Moreira de Acopiara

Produção editorial
Ciranda Cultural

Editora
Michele de Souza Barbosa

Revisão
Fernanda R. Braga Simon

Ilustrações
Vicente Mendonça

Diagramação
Linea Editora

Dados Internacionais de Catalogação na Publicação (CIP) de acordo com ISBD

A185l	Acopiara, Moreira de
	Lampião na trilha do cangaço / Moreira de Acopiara ; ilustrado por Vicente Mendonça. - Jandira, SP : Principis, 2022.
	352 p. ; 15,50cm x 22,60cm.
	ISBN: 978-65-5552-754-4
	1. Literatura brasileira. 2. Cordel. 3. Brasil. 4. Nordeste. I. Título.
2022-0621	CDD 869.8992
	CDU 821.134.3(81)-34

Elaborado por Lucio Feitosa - CRB-8/8803

Índice para catálogo sistemático:
1. Literatura brasileira 869.8992
2. Literatura brasileira 821.134.3(81)-34

1ª edição em 2022
www.cirandacultural.com.br
Todos os direitos reservados.
Nenhuma parte desta publicação pode ser reproduzida, arquivada em sistema de busca ou transmitida por qualquer meio, seja ele eletrônico, fotocópia, gravação ou outros, sem prévia autorização do detentor dos direitos, e não pode circular encadernada ou encapada de maneira distinta daquela em que foi publicada, ou sem que as mesmas condições sejam impostas aos compradores subsequentes.

SUMÁRIO

Apresentação 7
A arte de ler e escrever cordel 11

Raízes do cangaço 15
Jesuíno Brilhante, o cangaceiro romântico 25
Antônio Silvino, o rifle de ouro 33
Lampião, rei do cangaço 43
Lampião e Zé Saturnino 53
Lampião e Sinhô Pereira 61
Juventude de Lampião 69
Lampião e seus grandes inimigos 75
Cangaceiros 83
Maria Bonita, o amor do rei 95
Casais do cangaço 105
O cangaço e suas curiosidades 113
Alimentação no cangaço 121
Medicina e cangaço 129
Religião no cangaço 137
Mulheres no cangaço 145
Um triângulo amoroso no cangaço 153
Palmatória, chicote e ferro quente 159

Lampião em Água Branca 169

Lampião em Juazeiro do Norte... 179

Lampião em Mossoró 189

Lampião e Padre Cícero num debate inteligente............................. 199

Entre Lídia e Zé Baiano tinha um lindo Bem-te-vi 213

Bem-te-vi, o rival de Zé Baiano 223

Jararaca, um militar no cangaço 231

Gato, um indígena no cangaço 239

Corisco, o Diabo Louro 247

Volta Seca, um menino no cangaço 257

Zé Baiano, o cangaceiro mais rico que Lampião 265

Calais, o feiticeiro das caatingas 275

Pra tirar raça... 285

Sabino das Abóboras.. 295

O trágico assassinato do maldoso Zé Nogueira 307

Lampião chorou.. 317

Lampião absolvido 327

O Rei tombou.. 335

Cangaço nunca mais 345

Agradecimentos.. 352

APRESENTAÇÃO

O cangaço foi – e ainda tem sido – um dos assuntos mais abordados no cordel, se não o mais. Eu mesmo, que não tenho a maior cordelteca do Brasil, contei aqui nas minhas estantes quase quinhentos títulos tratando desse fascinante tema. E conheço outros tantos. A começar por cordéis falando de Antônio Silvino, passando por Jesuíno Brilhante e Sinhô Pereira, Zé Baiano e Volta Seca, até chegar a Virgulino Ferreira da Silva, o Lampião, o mais engenhoso, astucioso e famoso de todos os cangaceiros. E o mais interessante é que cordel e cangaço são manifestações tipicamente nordestinas, sendo que o cordel, muito embora de origem europeia, foi no Nordeste brasileiro que muito bem se adaptou e a partir daí acabou ganhando características próprias e asas, antes de ganhar o mundo e muito contribuir na formação da cultura brasileira. O cangaço foi um movimento que também se estabeleceu no sertão nordestino ao longo de décadas, tendo nascido nos primórdios da colônia com os cabras que protegiam os feudos, ainda em situação de opressão, e continuou nas lutas de famílias, tendo seu auge nas décadas de 1920/1930 e seu fim decretado por volta do ano de 1940, logo depois da morte de Lampião, ocorrida na amanhecência do dia 28 de julho de 1938, na grota de Angicos, no município de Poço Redondo, interior de Sergipe, e de Cristino Gomes da Silva Cleto, o Corisco, ou Diabo Louro, talvez o último dos cangaceiros, que tombou no dia 25 de maio de 1940, em Brotas de Macaúbas, na Bahia, deixando para Dadá, sua companheira, a incumbência de contar parte dessa fascinante história. Mas é claro que a violência não acabou aí, muito menos o banditismo. Surgiram os bandidos modernos, até mais bem equipados, mas não tão estrategistas quanto o rei do cangaço. E sempre haverá grupos rebeldes, violentos e opressores. Inclusive no tempo do cangaço tradicional havia homens que desertavam e se incorporavam às volantes, que eram as forças policiais, e outros que sentavam praça e ao mesmo tempo estavam ou entravam para o cangaço, dificultando assim a ação das polícias honestas e combatentes, ou das volantes. Tem até o caso do cangaceiro José Leite de Santana, o Jararaca, que antes de entrar para o grupo de Lampião foi soldado raso durante dois anos no Sudeste do Brasil. Qualquer semelhança com as milícias que hoje atuam e aterrorizam nos morros do Rio de Janeiro e de outras grandes cidades brasileiras não é mera coincidência.

O cordel fala de tudo. Se você quiser conhecer a história do Brasil, está toda lá; se quiser a história do Padre Cícero Romão Batista, o cordel conta, bem como a de Frei Damião, Ariano Suassuna, Antônio Conselheiro, Getúlio Vargas, Luiz Gonzaga e Irmã Dulce, só para citar alguns importantes vultos da nossa história recente. Se quiser saber sobre o cangaço, ou sobre muitos dos cangaceiros, é vasto o material, ou a bibliografia. E não é preciso nem ler muitos folhetos. É bastante folhear *Os cabras de Lampião*, de Manoel d'Almeida Filho; *Lampião, o Capitão do cangaço*, de Gonçalo Ferreira da Silva; ou mesmo *As proezas de Antônio Silvino*, de Leandro Gomes de Barros, publicado ainda no ano de 1907, mas sempre atual.

Minha paixão pelo tema "cangaço" me levou a escrever, em 2008, *De Virgulino a Lampião*. Depois fiz *Lampião e Padre Cícero num debate inteligente*, que levou o meu mestre Manoel Monteiro a dizer, certo dia, antes de indicar meu nome para concorrer a uma das cadeiras da Academia Brasileira de Literatura de Cordel – ABLC, que aquele era o cordel que ele gostaria de ter escrito, fala que muito me honrou. Escrevi na sequência *Lampião absolvido*, inspirado no clássico *A chegada de Lampião no Inferno*, de José Pacheco. Como o interesse por esses folhetos sempre foi grande, decidi me aprofundar na pesquisa e produzir outros, e quando vi já estava com todos esses títulos, e mais alguns, que primeiramente foram publicados no formato tradicional, que é o que muito gosto, uma vez que foi lendo os cordéis comprados na feira de Acopiara e região que começaram o meu gosto pela leitura e minha paixão pela fascinante literatura de cordel.

O assunto "cangaço", como já ficou claro, é muito vasto. Eu diria até que inesgotável. Neste livro, *Lampião na trilha do cangaço*, o leitor poderá empreender longa viagem por esse apaixonante mundo. Aqui você se deparará com textos sobre alguns dos principais cangaceiros, desde alguns que vieram antes de Lampião, passando por seu bando, por subgrupos, curiosidades, religião, entre outros temas. Há, ainda, um texto tratando do fim, também trágico, do cangaceiro Corisco. E tudo na linguagem do cordel.

MOREIRA DE ACOPIARA

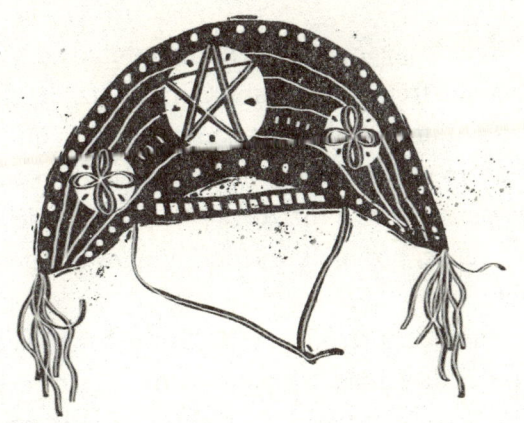

A ARTE DE LER E ESCREVER CORDEL

Este é um livro que me marcou muito como escritor e leitor, e tenho certeza de que vai marcar você também. Recebi em abril de 2021 o original autografado de *Lampião na trilha do cangaço*, do nobre irmão de letras Moreira de Acopiara, com a missão de escrever algumas palavras sobre a leitura prévia que eu tinha pela frente. Já conhecia a obra do mestre havia anos, e num belo dia meu telefone tocou e era ele querendo manter contato sobre nossa cultura nordestina e para uma palestra em São Paulo, semanas depois desse primeiro contato. Por causa da pandemia de covid-19 que assola o mundo neste exato momento, não pudemos fazer presencialmente o debate, então recorremos à internet. Foi um bate-papo incrível, e a partir dali começamos a conversar e tentar construir mais projetos juntos. Em seguida o convidei para palestrar no I Simpósio de meu canal O Cangaço na Literatura, e foi tudo perfeito. Todos os papos e ideias tiveram um único caminho: literatura de cordel. Mas o que é o cordel? Bem, não vou me alongar aqui explicando o que é esse segmento incrível de nossa literatura, justamente porque o autor deste livro que você tem em mãos explicou muito bem em sua apresentação, então vou me ater ao livro em si. Vamos lá?

"Li numa sentada", como a gente fala aqui no Nordeste. Eu havia deixado o boneco do livro na estante dos "não lidos", mas hoje, exatamente 31 de maio de 2021, resolvi tomar coragem e ler. Coragem? Sim. Por ser uma responsabilidade gigantesca prefaciar a obra de um autor que tanto admiro, eu sabia que tremeria na base. Com muita alegria, consegui terminar a leitura com um sorriso no rosto e feliz pelo que li. Não escrevo para agradar – quem me conhece sabe muito bem que sou extremamente crítico e prefiro perder uma amizade por falar a verdade a mentir, pois a verdade sempre vence, por mais que doa. Vamos aos pontos positivos e negativos da obra.

Só o fato de não ficar preso na bolha "lampiônica" já chamou minha atenção. Ir em busca da verdadeira história do cangaço em geral me trouxe uma luz na construção desses versos tão perfeitamente rimados e construídos em redondilha maior, com estrofes em sextilhas, setilhas e décimas. As variações de temas seguiam desde a juventude de Lampião até a morte do Rei do Cangaço, também visitando o caso de Zé Baiano e suas tragédias, assim como o épico Medicina e o Cangaço, que me deixou boquiaberto pela pesquisa feita. E, falando em pesquisas, fiquei extremamente grato ao ver muitas delas que foram feitas pelo meu canal no YouTube sendo citadas nos textos, a exemplo do Bem-te-vi, cangaceiro que era o rival de Zé Baiano:

> *Adotou o nome de*
> *Benedito Bacurau,*
> *Foi morar em Carinhanha,*
> *Mostrou ser cara de pau,*
> *Buscou ser sujeito ordeiro,*
> *Passou a ser sapateiro,*
> *Procurou não ser tão mau.*

Meu sorriso veio à tona na página 230 ao ler essa estrofe e sentir que nossa pesquisa deu frutos e que sem dúvida Moreira não se deixou levar por achismos, mesmo ele tendo essa liberdade poética ao escrever um cordel. Nem tudo deve ser feito com base na realidade, para que nos traga a beleza dos versos, pois o primeiro livreto de cordel que li foi o clássico *O Pavão Misterioso*, de José Camelo de Melo Rezende, e anos depois ganhei outro cordel igual, mas agora assinado por João Melquíades, e em seguida um terceiro, assinado pelos dois. Mas quem era o autor? Foi aí que comecei a pensar na importância dessa literatura. Mas o livro *Lampião na trilha do cangaço* foi estudado e bem pesquisado, pois, além da beleza de se ler por completo dentro dessa arte, teremos muita coisa a aprender ao terminar de cantar seus versos e ao sentir a natureza das palavras que se combinam uma à outra e também à coletânea de livros que estão reunidos nesta obra-prima.

Pontos negativos? Sim, todos temos. Talvez por nosso autor morar em São Paulo, mesmo sendo cearense de Acopiara, esta obra fique restrita ao Sudeste, e ela não merece ficar presa a um só núcleo. Espero mesmo que este livro chegue em massa a todas as regiões do país e até fora dele, pois nestas páginas está nossa cultura nordestina, representada pelas mais nobres das construções linguísticas que conheço por estas bandas: a poesia, o repente, o cordel e a rima. Então, meu caro autor, trate de lançar no país inteiro, visse?

Então, meus amigos, leiam com carinho e se deixem emocionar, recitem em voz alta ao para os que estão por perto, para que os contaminem de cultura. Se tocas uma viola, manda ver nas toadas, pois dá para se musicar, sério, de forma extremamente mágica. Obrigado, Moreira de Acopiara, por esta emoção que me proporcionou, pois hoje, com tanta tecnologia, ver que a cultura do cordel não morreu é sem dúvida uma dádiva para as gerações futuras. E que outros estejam aqui quando formos embora e continuem a criar versos, contar histórias do presente e reler as do passado, para que no futuro saibamos tudo que aconteceu hoje. Tenha uma magnífica leitura.

Robério Santos, Itabaiana-SE, 31 de maio de 2021
Escritor, professor, jornalista e apresentador do programa no YouTube O Cangaço na Literatura.

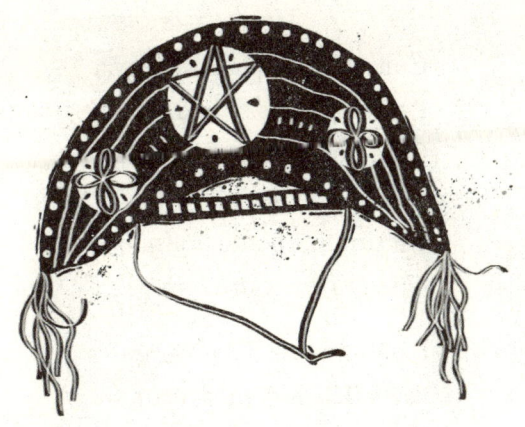

RAÍZES DO CANGAÇO

Quando se fala em cangaço,
Só se pensa em Lampião,
Mas esse forte fenômeno
Ocorrido no sertão
Teve início juntamente
Com a colonização.

É isso mesmo! Conforme
Nossos colonizadores
Foram chegando, com eles
Vieram grandes valores,
Mas também apareceram
Meliantes e infratores.

Alguns privilegiados
Receberam muita terra,
Largas faixas, e elas iam
De uma serra a outra serra,
E entre esses proprietários
Às vezes havia guerra.

Com um porque não queria
Perder os seus animais,
Com outro porque já tinha,
Mas queria muito mais,
Ou simplesmente por não
Querer ver o outro em paz.

Então muitos desses grandes
Fazendeiros contratavam
Grupos de homens bem armados
Que ali se posicionavam,
E havendo necessidade
Eles não titubeavam.

Usavam armas pesadas
Para defender os chefes,
Davam tiros, punhaladas,
Socos, pontapés, tabefes...
Estratégias, artimanhas,
Bons argumentos e blefes.

Era comum nas quebradas
Dos causticantes sertões
Os moradores humildes
Avistarem legiões
De capangas bem armados
Com punhais e mosquetões.

E muitos adquiriram
Condições e experiência,
Se demitiram, saíram
Atrás da sobrevivência
Noutras plagas, muitas vezes
Na base da violência.

Logo após a abolição
Da maldita escravatura,
Pelotões de ex-escravos,
Sem consistente estrutura,
Quiseram diminuir
Sua grande desventura.

Dez anos antes, em mil
Oitocentos e setenta
E sete, o sertão viveu
Uma seca violenta,
O que deixou muita gente
Desamparada e sedenta.

Pelos caminhos partiram
Magotes de flagelados,
Sem perspectivas, sem
Futuro e desnorteados,
Assustados e tristonhos,
Exaustos e esfomeados.

E é sabido que a miséria
Aflige, ultraja e consome.
O sertanejo é valente
E é bom, mas, quando não come,
Sofre, perde as estribeiras
E esquece até que tem nome.

E diante desse cenário
A violência aumentou,
O governo se omitiu,
A justiça se afastou,
O rico ficou mais rico,
E o pobre se revoltou.

Moreira de Acopiara

Tem mais uma coisa que
Nesse instante justifico:
A justiça resolveu
Ficar do lado do rico
E dos poderosos, algo
Cruel que ainda critico.

Nesse contexto, mais grupos
Aos poucos foram formados.
Alguns mais dispersos, outros
Muito mais organizados,
Articulados, dispostos
E muito bem liderados.

Um desses primeiros líderes
Nessa vida cangaceira,
Sacrificosa, arriscada,
Errante e aventureira,
Foi um bandido que tinha
O nome de Cabeleira.

Nascido em mil setecentos
E cinquenta e um, em Glória
Do Goitá, no Pernambuco
De tão linda trajetória,
Fez no cangaço uma longa
E muito tristonha história.

Era João Gomes o nome
Desse que foi o primeiro.
No campo do banditismo,
No Nordeste brasileiro,
"Cabeleira" foi somente
Seu nome de cangaceiro.

Em mil setecentos e
Oitenta e seis, o estado
Prendeu Cabeleira, que
Logo depois de julgado
Ganhou pena máxima, e em
Recife foi enforcado.

Outro cabra pioneiro,
Para engrossar essa lista,
Foi um baiano com o nome
De Lucas Evangelista.
Antes de ser cangaceiro,
Foi um abolicionista.

Nasceu em mil oitocentos
E sete, e sua carreira
Deslanchou depois que Lucas
Quis defender a bandeira
Da liberdade. Sofreu,
E virou Lucas da Feira.

Negro forte, descendente
De uma família baiana,
Ganhou esse nome por
Ser de Feira de Santana,
Uma região bonita
De gente linda e humana.

Foi no ano mil oitocentos
E quarenta e nove achado,
Fortemente perseguido,
Capturado e julgado,
Condenado para ser
Sem piedade enforcado.

Já no ano mil oitocentos
E quarenta, em Afogados,
Veio ao mundo Adolfo Rosa,
Para engolir maus bocados.
Sobre sua vida inteira
Não consegui muitos dados.

Mas descobri que por Meia-
-Noite ficou conhecido,
Já que todo cangaceiro
Arranjava um apelido.
Num lugar chamado Malta
Foi cercado e abatido.

Por esse tempo reinou
Outro bandido importante,
Inteligente, cheiroso,
Gentil e extravagante.
Eu estou me referindo
A Jesuíno Brilhante.

Jesuíno Alves de Melo
Calado nasceu em mil
Oitocentos e quarenta
E quatro. Um homem gentil
Que se revoltou ao ver
A lei omissa e hostil.

Hostil e omissa com os pobres,
Pois, diante da classe rica,
Era serena e benévola,
O que não se justifica,
E acabou fazendo coisas
Que o poeta não publica.

Eis aí um dos motivos,
E talvez o principal,
De alguns nordestinos, quase
Sempre da zona rural,
Partirem para o cangaço,
Pelo bem e pelo mal.

Muitos entraram porque
Não tinham mais esperança,
Conforto, perspectiva,
Apoio nem confiança,
Ou por estarem envolvidos
Num projeto de vingança.

E foi por vingança que
Outro bravo nordestino
Virou cangaceiro para
Cumprir seu triste destino.
Eu estou me reportando
Agora a Antônio Silvino.

Seu nome era Manoel
Batista de Morais, um
Sertanejo desasnado
Que algum dia por algum
Motivo se rebelou,
Sem ter apoio nenhum.

Nascido a dois de novembro
Do ano mil oitocentos
E setenta e cinco, andou
Com temíveis elementos
E precisou passar por
Grandes aborrecimentos.

Moreira de Acopiara

Em mil novecentos e
Catorze, estando indefeso,
Ferido e desassistido,
Sentiu da justiça o peso.
Não se defendeu direito,
Deixou pistas e foi preso.

Cumpriu longa pena pelos
Delitos que cometeu.
Em mil novecentos e
Quarenta e quatro morreu,
Mas a sua história o povo
Do sertão nunca esqueceu.

Além de Antônio Silvino,
Quem nasceu nessa trincheira
Foi um cangaceiro com
Nome de Sinhô Pereira.
Com seu primo Luiz Padre
Não teve longa carreira.

Mas findou sendo o maior
Professor de Virgulino
Ferreira da Silva quando
Ele era quase um menino,
Mas já ciente do que
Lhe reservava o destino.

Sinhô tinha vinte e seis
Anos quando abandonou
A vida de cangaceiro,
E isso depois que escutou
Conselhos do Padre Cícero,
O que o beneficiou.

Mas, antes de abandonar
Tão ingrata profissão,
Resolveu Sinhô Pereira
Entregar o seu bastão
A Virgulino Ferreira,
O futuro Lampião.

Depois de lutas e lutas,
Disse que queria paz,
E com o primo Luiz Padre
Desabou para Goiás,
Para findar os seus dias
Velho e em Minas Gerais.

Voltou a Serra Talhada
Cinquenta anos depois.
Encontrou alguns parentes,
Muito poucos deles, pois
O tempo tinha levado
Muitos, mas deixado uns dois.

Mas é claro que, antes destes,
Muitos outros cangaceiros
Surgiram e construíram
Aventurosos roteiros.
E atanazaram a vida
De diversos brasileiros.

Os que mais se destacaram
Foram: Antônio Silvino,
Natural do Pernambuco,
E o potiguar Jesuíno
Brilhante, sendo que o rei
Se chamava Virgulino,

Moreira de Acopiara

Que, já nos primeiros anos
De andanças pelo sertão,
Com uma cabeça brilhante
E armas potentes na mão,
Recebeu o apelido
Singular de Lampião.

Vinte anos foi o tempo
Do deprimente reinado.
Mas sua história completa
Eu contarei com cuidado
Noutro cordel, porque quero
Ver você bem informado.

Aqui foi só um resumo,
Ou seja, um ligeiro traço.
Meu objetivo agora
É preencher esse espaço
E discorrer muito sobre
Cangaceiros e cangaço.

Mas não vou gastar meu tempo
Bajulando cangaceiro.
Devo me ater às histórias,
E não serei o primeiro
A falar sobre esse grande
Movimento brasileiro.

E se alguém me perguntar
Se violência constrói,
Claro que direi que não!
E uma coisa que me dói:
Cangaceiros foram vítimas!
Nenhum deles foi herói.

JESUÍNO BRILHANTE, O CANGACEIRO ROMÂNTICO

Todos reconhecem que
Lampião foi importante
No universo do cangaço,
Mas desejo nesse instante
Fazer uns versos falando
De Jesuíno Brilhante.

No Nordeste causticante
Nasceu esse cidadão;
De uma família abastada,
Adquiriu instrução.
Ficou conhecido por
Robin Hood do sertão.

Nascido na região
Da hoje linda Patu,
Num lindo sítio que tinha
O nome de Tuiuiú,
Cresceu vivendo as delícias
Do sertão sedento e nu.

Moreira de Acopiara

Enfrentou mandacaru,
Macambira e xique-xique,
Estiagens prolongadas,
Casinhas de pau a pique,
E desde cedo gostou
De ser seu próprio cacique.

Nunca gostou de trambique,
Fugiu de aborrecimentos,
E, embora tenha vivido
Com muitos maus elementos,
Teve uma infância saudável,
Com lindos desdobramentos.

Nasceu em mil oitocentos
E quarenta e quatro, tendo
O Rio Grande do Norte
Por pátria, e, pelo que entendo,
Foi terra de homens honestos,
E até hoje ainda está sendo.

Você já está percebendo
Que eu estou tendo o cuidado
De informar com qualidade,
Por isso mais um recado:
Seu nome era Jesuíno
Alves de Melo Calado.

Por ter sido injustiçado,
Logo resolveu fazer
Justiça por conta própria,
Para não endoidecer,
Especialmente depois
Que viu seu irmão morrer.

Mas Jesuíno quis ser
Um bandido diferente.
Não espalhava terror,
Não acusava inocente,
E acabou descrito como
Um cangaceiro decente.

Era sincero e prudente,
E dizem que se cuidava.
Na medida do possível,
Era gentil e ajudava
A população carente
Sempre que alguém precisava.

E, quando a seca apertava,
Se ele por acaso via
A população sofrendo,
Logo se compadecia.
Roubava alimentos, e entre
Os pobres distribuía.

Primeiramente pedia,
E não matava ninguém.
Agredir? Não agredia.
Nunca fazia refém.
Tomava porque queria
Ver o sertanejo bem.

Pegava cada vintém,
Dos poucos que possuía,
E fazia doação
Junto a sua freguesia.
Desse modo ele ganhava
Do povão a simpatia.

Moreira de Acopiara

Filho da aristocracia,
Conheceu bem o sertão;
Nas escolas recebeu
A melhor educação,
Mas escolheu, por acaso,
Cangaço por profissão.

Dava total atenção
A quem pouco possuía,
E, como era instruído,
Ou seja, muito sabia,
Era um sujeito ligado
Às coisas do dia a dia.

Em vez de fina iguaria,
Ia atrás de jerimum,
Queijo de coalho, farinha,
Mungunzá, ou mesmo algum
Simples cozido, provando
Ser um cidadão comum.

Mostrava ser só mais um
Brasileiro insatisfeito
Lutando contra o sistema
Que faltava com respeito.
E combatia o que achava
Que não estava direito.

Precisou correr estreito,
E, pelo que compreendi,
Cruzou as muitas estradas
Da região do Apodi,
O Sertão imenso, o Brejo,
Pajeú e Cariri.

Em mil oitocentos e
Setenta e nove, um problema
Muito grave aconteceu
E acabou virando tema
Para novela, romance,
Cordel, teatro e cinema.

Sem nenhum estratagema
Ou forte plano de ação,
Foi mortalmente ferido
Pelo algoz Preto Limão,
Um homem fraco, um covarde
Que o alvejou na traição.

E no meio do sertão
Ficou sem ar e sem luz.
Ficou sem nada, apagou-se,
E é esse o destino dos
Que enfrentam o sistema. Ganham
Vela, caixão, cova e cruz.

Sua lembrança produz
Tristeza, saudade e dó.
Seus restos mortais ficaram
Expostos em Mossoró,
Que era para Jesuíno
Porto seguro e xodó.

E, antes que virasse pó,
O corpo do bandoleiro
Foi estudado e levado
Para o Rio de Janeiro.
E essa foi a história desse
Peculiar brasileiro

Ou temível cangaceiro
Que deixou estarrecido
O governo que queria
Vê-lo a cinzas reduzido,
Sem saber que no sertão
Ele era muito querido.

Fui pela musa incumbido
De compor este meu cântico,
Sem exagero linguístico
E sem enfeite semântico,
Falando de Jesuíno,
O Cangaceiro Romântico.

Mas deste lado do Atlântico
Outros homens destemidos
Andaram causando dores,
Preocupações, gemidos,
Medos, revoltas... Correndo
Atrás de sonhos perdidos.

Cabeleira, um dos bandidos
Cruéis, o antecedeu.
Mas depois de Jesuíno
No sertão apareceu
Um tal de Antônio Silvino,
Que muito trabalho deu.

Chico Pereira viveu
Naquela mesma ribeira,
Mas, depois dele, outro que
Ergueu a mesma bandeira
Foi um conhecido pelo
Nome de Sinhô Pereira.

Lampião na trilha do cangaço

O de mais longa carreira
E de maior projeção
Foi Virgulino Ferreira,
O popular Lampião,
Sobre o qual já falei muito,
E outros muito falarão.

ANTÔNIO SILVINO, O RIFLE DE OURO

Muita gente ouviu falar
No Capitão Virgulino
Ferreira da Silva, o grande
Bandoleiro nordestino
Que muito se destacou.
Mas nesse momento vou
Falar de Antônio Silvino.

Seu nome era Manoel
Batista de Marais, um
Bem-nascido e bem-criado,
Um sertanejo comum.
Para cumprir seu destino,
Virou Antônio Silvino
Sem sacrifício nenhum.

Moreira de Acopiara

Virgulino, o Lampião,
Foi quem ficou mais famoso,
Por ser mais inteligente,
Perspicaz e astucioso,
Arruaceiro e idôneo.
Mas, antes dele, esse Antônio
Era muito perigoso.

Natural da região
De Afogados da Ingazeira,
No sertão pernambucano,
Uma terra prazenteira,
Com vinte anos de idade
Caiu na realidade
De uma vida cangaceira.

Talvez já tivesse feito
Vinte e um anos de idade,
Sobrevivendo enfrentando
Desgosto e dificuldade,
Para de repente ver
Seu velho pai falecer
Com violência e maldade.

Nasceu a dois de setembro
Do ano de mil oitocentos
E setenta e cinco... Andou
Vendo embates violentos
Entre jagunços cruéis,
Cangaceiros, coronéis
E muitos maus elementos.

Na data do nascimento,
Silvino não teve sorte,
Pois dois de novembro é
Aniversário da morte.
Mesmo assim, cresceu sadio
Como um veado bravio,
Arisco, vibrante e forte.

Filho de Pedro Batista
De Morais e de Balbina
Pereira de Morais, foi
Na região nordestina
Uma triste referência
Num tempo em que a violência
Era terrível rotina.

Entrou no cangaço para
Vingar a morte do pai.
E acabou vingando, mas
Meu cordel agora vai
Dizer que ele sentiu medo
E acabou caindo cedo,
Como muita gente cai.

Mas antes da queda fez
Diversas atrocidades;
Tocou fogo em residências,
Matou personalidades,
Saqueou muitas bodegas
E enfadou muitos colegas
Depois de invadir cidades.

Moreira de Acopiara

Só caiu porque o caminho
De bandido é muito escuro.
Em mil novecentos e
Catorze, foi golpe duro
O que Antônio recebeu,
Pois a polícia o prendeu,
Selando assim seu futuro.

Julgado, permaneceu
Na prisão vinte e dois anos,
Onde pagou pelos muitos
E desconcertantes danos,
Enquanto pôde lutar.
Passou a vivenciar
Solidão e desenganos.

Mas, enquanto esteve preso,
Teve bom comportamento.
Ocupou-se lendo a bíblia,
Demonstrou ter sentimento.
Não cuidou da vida alheia
Nem provocou na cadeia
Nenhum aborrecimento.

Enquanto Antônio Silvino
No xadrez permanecia,
Lampião iniciava
Sua longa travessia
Para reinar no sertão,
Passar muita privação
E uma infinita agonia.

Na verdade, Lampião,
Com seu chapeuzão de couro,
Viu em Antônio Silvino
Um norte, um ancoradouro.
Lampião o admirava,
E muita gente o chamava
Também de Rifle de Ouro.

Mas não quero falar de
Virgulino, o Lampião.
Vou tratar unicamente
Desse "assombro do sertão",
De nome Antônio Silvino.
A história de Virgulino
Conto noutra ocasião.

Pois bem! Antônio Silvino,
Ao ser preso, foi levado
Para Recife e viveu
Vendo o sol nascer quadrado
Até que Getúlio Vargas
Aliviou suas cargas,
E ele foi anistiado.

Mas, enquanto esteve preso,
Antônio não rebelou-se.
Mostrou-se humilde, pacato,
Tranquilo, sereno e doce,
Sem nenhum ressentimento.
Esse bom comportamento
Muitas vantagens lhe trouxe.

Moreira de Acopiara

Conquistou a simpatia
Do diretor, do porteiro,
Do padre que o visitava
E de cada carcereiro.
Desse modo a gente vê
Que em nada lembrava que
Tinha sido cangaceiro.

Ao deixar a carceragem,
Foi residir em Campina
Grande, uma linda cidade
Da região nordestina.
Não mais pilhou nem matou,
Se comportou bem, voltou
À ordem e à disciplina.

Passou o resto da vida
Meio pra baixo e pra cima,
Mas logo aquietou-se na
Companhia de uma prima,
Gente de pouco dinheiro
Que acolheu o cangaceiro,
Por quem tinha grande estima.

Na verdade ex-cangaceiro,
E aqui e agora faço
Pertinente comentário,
Aproveitando este espaço:
Antônio recuperou-se,
Tornou-se pessoa doce
E não voltou ao cangaço.

Mas, enquanto atuou, foi
Um cangaceiro valente,
Focado no que fazia,
Dedicado e competente.
Andou por muitos lugares,
Respirou pesados ares
E incomodou muita gente.

Citado por escritores
De renome nacional,
Já ficou esclarecido
Que não fez somente o mal.
Não foi de cuspir no prato,
E às vezes foi o retrato
Do bandido social.

Mas disse que só matou
Tentando se defender,
Ou para livrar-se de
Quem o queria prender.
Disse que tinha destreza,
Mas sua grande certeza
Era algum dia perder.

E perdeu, não tenha dúvida...
Um dia alguém lhe acertou
Um tiro no abdômen,
Ele pensou, ponderou
E, ao ver o mundo rodar,
Mandou alguém avisar
À polícia e se entregou.

Moreira de Acopiara

Foi no ano mil novecentos
E catorze essa prisão.
Recebeu bom tratamento,
Veio a recuperação.
Da prisão muitos gostaram,
Mas todos se admiraram
De sua transformação.

Muitos achavam que tinha
Sido preso combatendo.
Mas não! Ele se entregou,
Como estou esclarecendo.
Disse Lampião mais tarde:
"Se rendeu! É um covarde,
Já eu morro e não me rendo".

Andou por muitos lugares,
Sofreu muitas frustrações,
Mas, entre um combate e outro,
Viveu ardentes paixões,
Driblou muitos empecilhos
E ainda teve oito filhos,
De diversas uniões.

No dia trinta de julho
Do ano mil novecentos
E quarenta e quatro, Antônio
Silvino, após desalentos
E mais desalentos, deu
Incertos passos, viveu
Seus derradeiros momentos.

Morreu como um passarinho,
Ou seja, suavemente,
Assistido pela prima,
Uma pessoa decente.
Depois que se confessou,
Cobriu o rosto. Expirou
Como expira um inocente.

O cemitério da linda
Campina Grande acolheu
Antônio Silvino, um homem
Que muito trabalho deu.
Foi tristonha a despedida,
E a sua história comprida
O povo nunca esqueceu.

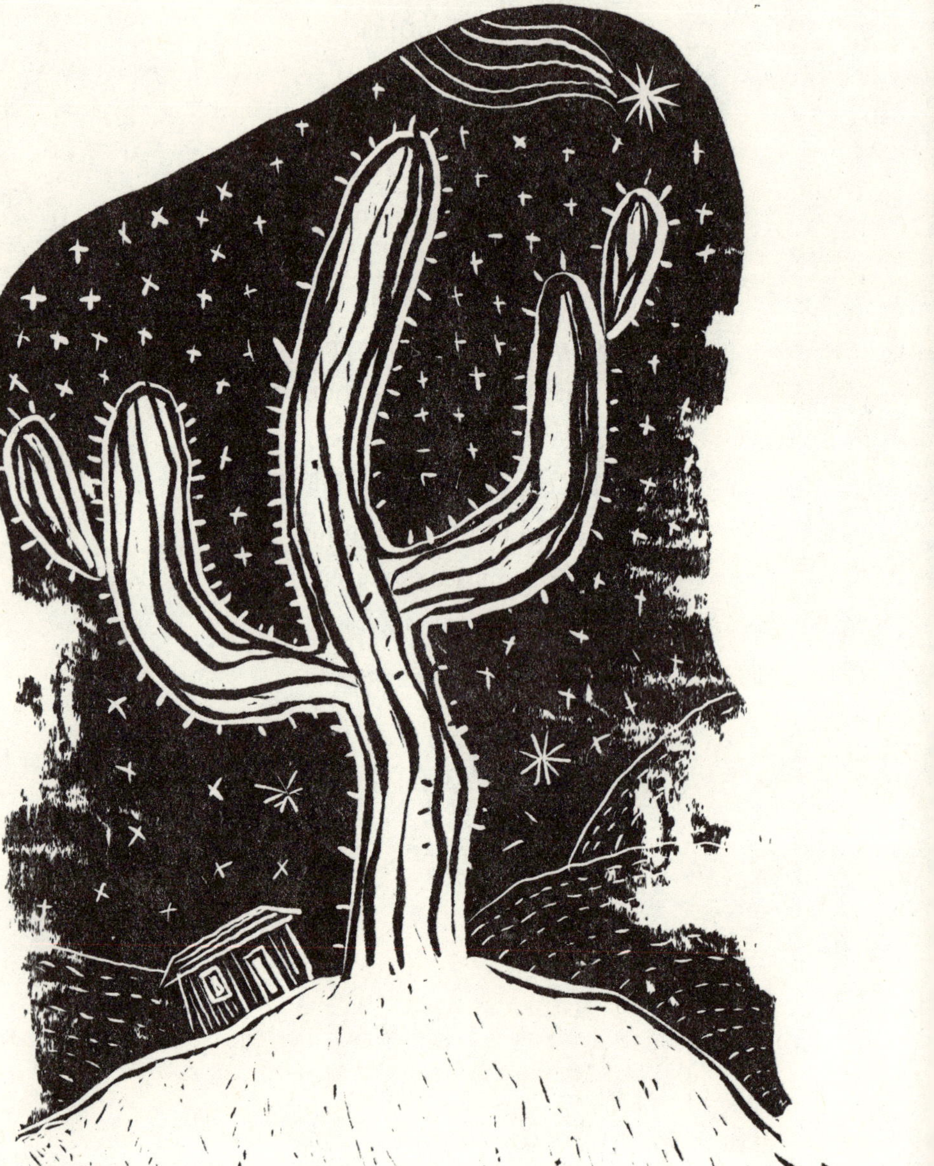

LAMPIÃO, REI DO CANGAÇO

Nascido em Serra Talhada,
No sertão pernambucano,
Em noventa e sete, século
Dezenove, salvo engano,
Foi Virgulino Ferreira
Estrategista e tirano.

Mas isso depois de adulto,
Pois teve uma juventude
Normal, como sertanejo
Que toma banho de açude,
Se diverte e entende a sua
Natural incompletude.

Naquele seu mundo simples,
Vibrou com cada conquista.
Inteligente ao extremo,
Muito frio e calculista,
No cangaço se tornou
O maior estrategista.

Moreira de Acopiara

Possuía oito irmãos,
Sabia ler e escrever,
Cedo aprendeu a plantar,
Cuidar de gado, colher...
Sabia de muitas coisas,
Pois gostava de aprender.

Seu pai era um sitiante,
Ou pequeno agricultor,
Homem correto, mas bruto,
Disposto e trabalhador.
Um sujeito que gostava
Das coisas do interior.

Até os dezoito anos,
Virgulino tinha paz.
Era vaqueiro, artesão,
Cuidava de uns animais...
Fazia tudo que um homem
Que é bom sertanejo faz.

Como ficou claro, tinha
Diversas habilidades.
Fazia versos falando
De sonhos e amenidades,
Tocava fole e gostava
De construir amizades.

Certo é que ali transcorria
Tudo muito direitinho,
Com Virgulino querendo
Construir o seu caminho.
Mas apareceu José
Saturnino, um mau vizinho.

Saturninos e Ferreiras
Então se desentenderam,
Se acusaram, se agrediram,
Se ofenderam, se esconderam,
E no meio disso alguns
Mataram, e outros morreram.

Virgulino se dizia
Perseguido e inocente.
Do lado dos Saturninos
Não era tão diferente.
Ninguém quis ceder, e o ódio
Cresceu paulatinamente.

Virgulino se sentiu
Bastante prejudicado,
E ao mesmo tempo ferido,
Achincalhado, humilhado.
Ao procurar a justiça,
Ninguém ficou do seu lado.

E até por isso passou
Por momentos perigosos,
Já que a justiça ficava
Do lado dos poderosos.
Virgulino então meteu-se
Com traçados belicosos.

Viu o pai assassinado
Por policiais ingratos,
Viu a mãe morta depois
De pesados desacatos,
E tudo isso por causa
De julgamentos baratos.

Moreira de Acopiara

Resolveu cair no mundo,
Ao lado de dois irmãos,
Desejoso de fazer
Justiça naqueles chãos,
Mas usando as próprias forças,
Ou melhor, as próprias mãos.

E passou a percorrer
Os estados do Nordeste.
Em Água Branca, Alagoas,
Houve o seu primeiro teste.
Quem quer crescer no que faz,
De preparação se veste.

Com o bando formado andou
Por regiões mais distantes,
Invadiu muitas fazendas,
Saqueou comerciantes,
Pilhou, roubou e extorquiu,
Como nunca se viu antes.

No quesito disciplina
Recebeu a melhor nota.
Arquitetava estratégias,
Estudava cada rota.
Por isso é que raramente
Sofria alguma derrota.

Em muitas ocasiões
Precisou de muita sorte.
Atuou desde a Bahia
Ao Rio Grande do Norte,
Mas deixando sempre um rastro
De destruição e morte.

Lampião na trilha do cangaço

Um amigo meu que mora
No estado da Bahia
Disse que ele saqueava,
Mas também distribuía
Parte do que arrecadava,
Se acaso alguém lhe pedia.

Em todos os casos, ele,
Por ter talento e saúde,
Não queria só pra si,
Fazia igual Robin Hood.
Agradava os pobres com
Essa simples atitude.

Certa vez, num tiroteio,
No meio da escuridão,
Foram tantos os disparos
Que formou grande clarão.
E alguém comentou: "Seu rifle
Faz lembrar um lampião".

Como os outros cangaceiros
Acharam muito engraçado,
E como no acampamento
Ninguém ficou enfezado,
Logo Virgulino foi
Por Lampião alcunhado.

Em mil novecentos e
Vinte e três, raiar de agosto,
Houve a primeira emboscada,
Causando grande desgosto
Ao bando, mas Lampião
Logo estava recomposto.

No ano de vinte e seis,
O Padre Cícero Romão
Mandou carta resumida
Convidando Lampião
Ao seu Juazeiro para
Distinta reunião.

Com quase cinquenta homens
Lampião compareceu,
Escutou o Padre Cícero,
Tirou retrato, cresceu,
Ganhou patente e partiu,
E sua vida correu.

Isso mesmo. Em Juazeiro,
O Padre Cícero Romão
Deu-lhe, a contragosto, falsa
Patente de capitão.
Ele se empolgou e achou-se
Governador do sertão.

No ano de vinte e oito,
Fez comprida travessia
Na direção de Sergipe,
Até chegar à Bahia.
Conhecer mais horizontes
Era o que ele pretendia.

No ano de vinte e nove,
Ele resolveu ir para
Um povoado de nome
Malhada da Caiçara.
Conheceu Maria Gomes
E pôs um riso na cara.

É que um homem fica muito
Contente quando conhece
A mulher do seu agrado.
E ele vibra, sonha, cresce,
Muda de rumo e até
Mostra que rejuvenesce.

Maria Gomes contava
Dezenove anos de idade.
Já tinha sido casada
Com um primo, contra a vontade,
Mas estava separada
E atrás de felicidade.

Então Maria de Déa,
Como era mais conhecida,
Acompanhou o facínora,
Pois estava decidida
A largar tudo e partir
Em busca de nova vida.

Ela amava Lampião
Desde a primeira visita,
Ou mesmo antes, conforme
A maioria acredita.
Depois ficou conhecida
Como Maria Bonita.

Foi a primeira mulher
A ingressar no cangaço.
E ela pouco a pouco foi
Ocupando o seu espaço,
Até poder se firmar
E abocanhar seu pedaço.

Três vezes engravidou,
Porém ficou muito aflita
Porque abortou duas vezes,
Conforme a história nos dita.
No ano de trinta e dois
Nasceu Maria Expedita.

Para o parto, acontecido
À sombra de um juazeiro,
No meio do sertão seco,
Lampião foi o parteiro.
Depois a criança teve
Que ser entregue a um coiteiro.

Mas, como esclareci em
Outras oportunidades,
Lampião era um sujeito
De muitas habilidades.
Talvez por ter convivido
Com muitas dificuldades.

Em termos de resistência,
Era forte como um touro.
Usava muitas medalhas,
Bonito chapéu de couro,
Lindos alforjes bordados
E anéis de prata e de ouro.

Além disso, ainda gostava
De usar perfume importado,
Beber uísque do bom
E andar sempre endinheirado.
Apreciava buchada,
Jerimum e bode assado.

Lampião na trilha do cangaço

A polícia esteve sempre
Perto do seu calcanhar,
Mas um grande estrategista
É perito em despistar.
Dizia ir para um canto,
Parava em outro lugar.

Para ser tão ágil, deve
Ter lido muitas cartilhas.
Fugia das emboscadas,
Eliminava armadilhas,
Estudava bons atalhos
E inventava certas trilhas.

Perdeu o olho direito,
Mas não se comprometeu.
Mais de uma vez levou tiro,
Não comeu bem nem bebeu.
Acho até que viveu muito
Para o tanto que sofreu.

Na tranquila madrugada
De vinte e oito de julho
De trinta e oito, na Grota
De Angicos, houve barulho.
O bando foi descoberto
E tratado como entulho.

Lampião achou que ali
Era um recanto seguro,
Mas todos os acampados
Passaram por grande apuro.
O grupo foi atacado
Quando ainda estava escuro.

MOREIRA DE ACOPIARA

No lugar Poço Redondo,
No interior de Sergipe,
O Tenente João Bezerra,
Com sua importante equipe,
Ordenou: "Vamos matá-los!
E que ninguém se dissipe".

Lampião não teve tempo
Sequer para reagir,
Pois preparava um café,
Vendo a esposa dormir.
Foi alvejado, e os outros
Já trataram de fugir.

Os que ali morreram foram:
Luiz Pedro, Quinta-Feira,
Cajarana, Diferente
E Enedina, a companheira
De Julião, que na hora
Saiu em grande carreira.

Morreram Maria e seu
Companheiro Lampião,
Alecrim, Caixa de Fósforo,
Elétrico e Mergulhão,
Que, antes de morrer, matou
O militar Adrião.

Os mortos tiveram suas
Cabeças decapitadas.
Pra Santana do Ipanema
As onze foram levadas
E expostas, mas só depois
De serem mumificadas.

LAMPIÃO E ZÉ SATURNINO

O momento é de falar
De algo do que tenho lido
E usar minha teoria
Sem fazer verso perdido.
Segundo fui informado,
Foi Saturnino o culpado
De Lampião ser bandido.

Saturnino era atrevido
E louco por confusão.
Contra a família Ferreira
Usou de provocação.
Para a encrenca começar,
Ele pôs-se a acusar
Virgulino de ladrão.

Moreira de Acopiara

O estopim da questão
Queimando pra todo lado,
Vingança fora da conta,
Um ódio descontrolado
E um sentimento mesquinho.
Quem era amigo e vizinho
Passou a ser intrigado.

Por um chocalho amassado
Triste coisa aconteceu:
O ódio cada vez mais
Naquela hora cresceu.
Com uma raiva sem fim,
Virgulino disse assim:
"Não será seu e nem meu".

Logo a notícia correu
Pela circunvizinhança.
Virgulino e Saturnino
Não tinham mais confiança.
Um caso sem solução,
Crescendo a desunião
E o desejo de vingança.

O Diabo possui voz mansa,
Mas é cruel e investiga,
Pois jogou um contra o outro,
Querendo ver grande briga.
O mal crescia depressa...
Cada piada uma peça
Na construção da intriga.

Uma confusão antiga
Transformou-se em emboscada,
Ofensas entre as famílias,
Com desacato e piada,
O gado dando trabalho...
Um chegava sem chocalho,
Outro de orelha cortada.

Por cada pele encontrada
Crescia a perseguição.
Descontar nos animais,
Que falta de educação!
Era o ódio se alastrando
E as famílias se atacando
Sem a mínima compaixão.

Fofoca, crime e traição,
Desavença e investida,
Arma falando mais alto,
A lei muito enfraquecida,
Corpos tombando na terra,
A paz perdendo pra guerra
E a morte vencendo a vida.

Foi uma fase invertida
No Nordeste do Brasil,
Pois na região havia
Violência a mais de mil.
Uma desigual batalha,
A justiça muito falha
E a linguagem do fuzil.

Moreira de Acopiara

Tempo em que o jagunço hostil
Era um sem lei perigoso.
Com temperamento estranho,
Um gênio ganancioso,
Matando de graça vinha,
E o maior prazer que tinha
Era o de ser criminoso.

Foi menino curioso
Esse José Saturnino.
Era carrasco e ligeiro,
Por capricho do destino,
Chegou pra fazer o mal
Ou dar o golpe fatal
Na vida de Virgulino.

Prazer de ser nordestino,
Grande privilégio seu.
Tinha índole muito má
Desde quando apareceu.
Foi assim até morrer!
O único jeito de ser
Que a própria sorte lhe deu.

Muito orgulho tenho eu
De seguir na trajetória
Pra contar ao meu leitor
Quem conseguiu a vitória.
Mas, nessa doida campanha,
Quem tira vida não ganha,
Apenas deixa uma história.

Lampião na trilha do cangaço

Tenho ainda na memória
Que o Zé, naquela ribeira,
Com oitenta anos teve
Sua hora derradeira.
Antes de ir pra o jazigo,
Foi o maior inimigo
De Virgulino Ferreira.

Serra Vermelha e Pedreira
Não sei se sentem saudade
De um filho que tinha grande
Espírito de autoridade.
Quem tanto viveu de afrontas
No seu tempo prestou contas
Com Deus na eternidade.

Viveu na localidade
Onde Lampião vivia:
Meia légua de distância
Para cada moradia.
Jamais pensou, nessa ânsia,
Que um seu amigo de infância
Logo se revoltaria.

Mas nenhum dos dois sabia
Que o destino brutal
Levaria os dois à prova
Num lance entre o bem e o mal.
Pra quem nasce é sempre festa,
Não traz estrela na testa
Nem tem bola de cristal.

Dona Xandra, especial,
Nunca aprovou a questão
Por ser mãe de Saturnino,
Madrinha de Lampião
E defensora da paz.
Sempre dizia: "Bem faz
Quem sabe pedir perdão".

"Qualquer conflito é em vão,
Quem briga está sempre errado!"
É um adágio que vem
Do mais remoto passado.
Quem julga agora ou depois,
No fim da briga pra os dois
É pequeno o resultado.

O medo é amenizado
Pra quem põe fé na doutrina.
Leia qualquer testamento,
Que sempre o capítulo ensina.
Pratique o patriotismo,
Saiba fugir do abismo
E se esconda da ruína.

A força da lei divina
Faz de um mirim um gigante,
Faz um céu azul, sem nuvens,
Se transformar, num instante;
Produz exemplos de amor,
Que a paz tem muito valor
E torna a vida importante.

Lampião na trilha do cangaço

O mal do ignorante
É não ter o que pensar;
Faz o que acha que é certo,
Não aprende a perdoar,
Não reconhece a razão...
Sua primeira opção
Neste mundo é censurar.

Viver é espetacular,
Mas nem todo mundo tem
A paz por merecimento
Quando a este mundo vem.
É mau a cada segundo,
Quer ser o dono do mundo
Por não respeitar ninguém.

Meu desabafo é pra quem
Não tem um grama de amor,
Não respeita a dor do próximo,
Seu negócio é causar dor.
Vive alimentando a ira
Com todo o ódio que tira
Do seu próprio interior.

Sei de muito morador
Que não respeita o vizinho,
Tem a mente poluída,
Tem o coração mesquinho,
Ao outro nega o respeito
E acha que o mundo foi feito
Pra ele morar sozinho.

Moreira de Acopiara

Não interdite o caminho
Onde muita gente passa,
Faça com que sua raiva
Se acabe como fumaça.
É seu direito ir e vir,
Mas não queira produzir
Algo que gera desgraça.

Quem briga por uma braça
De terra vive somente
Preparando o próprio fim,
Que há de chegar brevemente.
Muita gente aqui se queixa,
Mas o destino não deixa
Ninguém vivo eternamente.

Achei muito pertinente,
Como autêntico nordestino,
Neste poema falar
Do velho Zé Saturnino,
Que foi, com mandos antigos,
Um dos grandes inimigos
Do valente Virgulino.

LAMPIÃO E SINHÔ PEREIRA

Foi uma relação boa
Entre esses dois cangaceiros.
De um lado Sinhô Pereira,
Que foi um dos pioneiros,
E, do outro, Virgulino,
Valente desde menino.
E os dois, grandes companheiros.

Amigos, contemporâneos,
Nascidos em Vila Bela,
Agora Serra Talhada,
Uma importante janela
Feita de delicadezas
Por onde entram as belezas
Que o Pernambuco revela.

Moreira de Acopiara

Enquanto Sinhô Pereira
Era um sujeito abastado,
Filho de família rica,
Muito bem articulado,
Naquele terreno bruto
Virgulino era um matuto
Apenas remediado.

E, ao lado de Luiz Padre,
Sinhô Pereira formou
Um grupo de cangaceiros,
Com perícia os liderou,
Foi conselheiro e patrão,
E por toda a região
Sua fama se espalhou.

Sinhô Pereira e Luiz
Padre, que padre não era,
Eram primos e nutriam
Uma amizade sincera.
Agiram com competência
No campo da violência
Que a gente já não tolera.

Quando Virgulino viu
Seu destino ameaçado,
Resistindo bravamente
Sem obter resultado,
Procurou Sinhô Pereira,
Que lhe arranjou o da feira
E o acolheu com agrado.

Era o ano mil novecentos
E vinte quando se deu
Esse acolhimento. Aquele
Companheirismo cresceu
No terreno nordestino,
Apagou-se Virgulino
E o Lampião se acendeu.

Essa marcante aventura
Durou dois compridos anos
De grandes aprendizados,
Frustrações e desenganos,
Fugas, estratégias, lutas,
Muitas desiguais disputas
E desacertados planos.

Virgulino tinha cerca
De vinte anos de idade,
Mas era um homem dotado
De muita capacidade.
Tinha o coração partido!
Estava desiludido
Diante de tanta maldade.

Tinham matado o seu pai,
A mãe tinha falecido,
Já tinha presenciado
Mais de um parente agredido,
Estava com pouco espaço,
Então pensou: "No cangaço
Estarei mais protegido".

Moreira de Acopiara

Só depois percebeu que
Foi tudo grande ilusão,
Pois banditismo não dá
Conforto nem proteção.
Mas Virgulino Ferreira
Da Silva e Sinhô Pereira
Tinham o destino na mão.

E o destino desses dois
Era lutar pela vida
No meio da violência,
Tendo gente enfurecida
Pisando firme em seus calos
Ou querendo eliminá-los
A qualquer custo e medida.

Durou somente dois anos
Essa parceria forte;
Um desejando sucesso,
Outro querendo ter sorte,
Os dois descendo e subindo,
Se defendendo e fugindo
Das garras cruéis da morte.

E foi com Sinhô Pereira
Que Lampião aprendeu
Muitas coisas importantes,
Porque se comprometeu,
Foi atrás, se dedicou,
Ouviu mais do que falou,
Comprou mais do que vendeu.

Mas é bom esclarecer
Aqui que a grande importância
Dessas lições aprendidas
Só conseguiu ressonância
No universo do cangaço,
O retrato do fracasso,
Do medo e da ignorância.

Só que nesse ponto não
Tinha mais o que fazer;
Era encarar o cangaço,
Procurar sobreviver,
Fugir das perseguições,
Encarar as provações
E lutar até morrer.

É que Lampião já tinha
Feito muitos inimigos,
Desde os donos do poder
Até vizinhos antigos
Lá da sua região.
E todos, sem exceção,
Eram constantes perigos.

Mas Padre Cícero, que era
Uma alma benfazeja,
Um grande consolo para
A família sertaneja,
Pediu que o Sinhô Pereira
Abandonasse a trincheira
E abraçasse outra peleja.

Moreira de Acopiara

Sinhô Pereira já vinha
Se sentindo incomodado,
Os perigos aumentando,
Seu povo discriminado,
Muitas preocupações,
E com menos condições
De dar conta do recado.

Então decidiu ouvir
Os conselhos do vigário,
Pois, depois de anos de luta,
Notou que era necessário
Comportamento exemplar,
Largar tudo e procurar
Um melhor itinerário.

E com o primo Luiz Padre
Juntou as credenciais,
E os dois fizeram carreira
Na direção de Goiás.
Sinhô viveu agonias
E terminou os seus dias
Nos chãos de Minas Gerais.

Antes de partir, Sinhô
Pereira, ao observar
A astúcia de Lampião,
Sua destreza invulgar,
Disse: "É bom que saiba que
Vou embora, mas você
Vai ficar no meu lugar".

Disse mais Sinhô Pereira:
"Peço uma coisa somente.
Faça o melhor que puder,
Pense grande, olhe pra frente
E aja sempre com firmeza.
Mas não caia na fraqueza
De bulir com minha gente".

Foi a partir desse dia
Que Lampião assumiu
O posto de comandante
De um grupo, depois saiu
Pelo mundo, passou fome,
Sentiu sede, fez o nome,
Sofreu, mas não desistiu.

Cangaceiros houve muitos
No Nordeste brasileiro,
Mas, como disse o Sinhô
Pereira, o chefe primeiro:
"No caminho que seguiam
Os outros mais pareciam
Formigas sem formigueiro".

Lampião foi diferente
Em todo ponto de vista.
Aprendeu sobre guerrilha,
Era muito detalhista,
Astuto, sofisticado,
Perspicaz, articulado,
Ponderado e calculista.

Moreira de Acopiara

Por isso é que resistiu
Vinte anos, pouco mais.
Superou mil obstáculos,
Sofreu dores cruciais.
Viveu medos e coragens,
Muito enfadonhas viagens
E amores eventuais.

Até que se apaixonou
Depois que encontrou Maria;
Foi um romance bonito,
Conforme o casal queria,
Mesmo com pouca estrutura.
Mas essa linda aventura
Eu vou contar outro dia.

Volto a falar do Sinhô
Pereira, um gigante, pois,
Quando saiu do cangaço,
Foi para longe, se impôs
Como pessoa regrada.
Voltou a Serra Talhada
Só cinquenta anos depois.

Reviu a sua cidade,
Os lugares principais,
Os caminhos, a casinha
Dos seus extremosos pais,
Onde viveu com prazer,
Mas voltou para morrer,
Já velho, em Minas Gerais.

JUVENTUDE DE LAMPIÃO

Muita gente pensa que
Lampião nasceu bandido,
Sem imaginar que, no
Lugar onde foi nascido,
Na linda Serra Talhada,
Teve uma vida agitada,
Mas foi um filho querido.

Só que, em mil oitocentos
E noventa e sete, havia
Muita gente violenta,
Que matava e que morria.
Os mais ricos comandavam,
Os pobres esbravejavam,
E o sertanejo sofria.

E a bela Serra Talhada,
Que possui talhada serra,
Se chamava Vila Bela
E vivia em pé de guerra
Entre ricos fazendeiros,
Perigosos bandoleiros
E os que cuidavam da terra.

Passagem de Pedras era
O sítio onde nasceu
Virgulino, que virou
Lampião quando cresceu.
Quis conquistar seu espaço,
Fez história no cangaço
E muito trabalho deu.

Mas o meu objetivo
Neste momento é somente
Falar sobre Virgulino
Menino e adolescente,
Um sujeito bem criado,
Por sinal muito educado,
Perspicaz e inteligente.

Interessante, pois tudo
Que Virgulino fazia
Ficava muito bem feito,
Despertava simpatia.
O que nos faz deprimir
É tê-lo visto seguir
Por tão tortuosa via.

Pois, se ele tivesse usado
Toda a sua inteligência
Para o certo, ou se tivesse
Investido na ciência,
Seria um homem de bem,
Teria vivido sem
Desafiar a prudência.

E com certeza teria
Tido linda trajetória
E agora seria visto
Não como um traste, uma escória
Ou uma alma perdida,
Mas como alguém que na vida
Escreveu bonita história.

Tinha tudo pra ser bom,
Pois veja que Virgulino
Ferreira da Silva foi
Desde o tempo de menino
Um artesão corriqueiro,
Um caçador sorrateiro
E excelente bailarino.

Foi amansador de burro,
Ou domador contumaz,
Bom tocador de sanfona,
Tinha gestos cordiais
E era ligado ao estudo.
Enfim, fazia de tudo
Que um adolescente faz.

Moreira de Acopiara

Gostava de fazer versos,
Lia cordel, foi tropeiro,
Aprendeu a fazer parto
Nas vacas, foi cozinheiro
E cavaleiro engenhoso,
Costureiro habilidoso
E um corajoso vaqueiro.

E, como todo menino
Que se cria no sertão,
Gostava de baladeira,
Bodoque, funda, pião,
Divertidas cavalgadas,
Pescarias animadas,
Arapuca e alçapão.

Apreciava escutar
Um cantador repentista.
Para ele, esse sujeito
Era um verdadeiro artista.
E atenção especial
Sempre dava para um tal
De Cícero Romão Batista.

Esse Cícero de que falo
No meu verso corriqueiro
Era o padre que foi tido
Como santo em Juazeiro.
Homem de grande visão,
Deu guarida e proteção
Às irmãs do cangaceiro.

Lampião na trilha do cangaço

Por isso é que Lampião
Tinha profundo respeito
Por Padre Cicero Romão
Batista, um grande sujeito.
Fazia e acontecia,
Mas no fundo só queria
Que o povo andasse direito.

Mas, voltando a Lampião,
Aprendeu a fazer rima,
E um dia botou os olhos
Na direção de uma prima
Pra não ser correspondido,
Se sentir meio perdido
E notar pesado clima.

Mas essa fase passou,
Pois tudo na vida passa,
Inclusive o que não presta,
É bom ou nos ameaça.
Nessa batalha chinfrim,
A gente espanta o ruim,
E o que é bom a gente abraça.

Mas Virgulino não tinha
A maior das competências.
Também possuía falhas
E algumas incongruências.
Não soube se definir
E se deixou seduzir
Por muitas más influências.

As armas, as caminhadas
Pelo sertão catingueiro,
As munições poderosas,
A busca pelo dinheiro,
A justiça que falhou...
Tudo isso transformou
Virgulino em cangaceiro.

Desde pequeno gostou
Das armas mais poderosas,
Dos metais mais reluzentes,
Das essências mais cheirosas,
Dos cavalos mais possantes,
Dos homens mais importantes,
Das comidas mais gostosas.

Mesmo amando o Padre Cícero,
Não deixou de ser cruel,
Mas se tornou mais amável,
Mais tolerante e fiel.
Foi odiado e amado,
Sendo o homem mais cantado
No universo do cordel.

Era amigo dos amigos,
Mas cruel com os seus rivais;
Gostava muito de ver
Seu retrato nos jornais,
Vivia se promovendo,
Dedicou-se e acabou sendo
Notícia nos principais.

LAMPIÃO E SEUS GRANDES INIMIGOS

No decorrer da existência,
Virgulino, o Lampião,
Se deparou com pessoas
Que lhe deram proteção.
Mas também topou perigos,
A fúria dos inimigos
E muita insatisfação.

Por exemplo, ex-cangaceiros,
Antes tidos como amigos,
Deixaram o bando e quiseram
Buscar seguros abrigos
E acabaram se aliando
Às volantes e atacando
Seus companheiros antigos.

Moreira de Acopiara

Na verdade, ex-companheiros,
Porque mudaram de lado.
Um tornou-se delator,
Outro quis virar soldado,
Pistoleiro ou fazendeiro,
Obrigando o cangaceiro
A viver preocupado.

Mas o primeiro inimigo
Do valente Virgulino
Foi um que ele conhecia
Desde o tempo de menino,
Pisando o mesmo caminho.
Me refiro ao seu vizinho
De nome Zé Saturnino.

Seu cunhado Zé Nogueira
Foi outro que atanazou
A vida de Virgulino,
Que pôde, mas não matou
Saturnino nem Nogueira.
Seu mano Antônio Ferreira
Foi quem se manifestou.

Antônio matou Nogueira
Friamente, dando provas
De que era amante de mortes
Cruéis, muito além de sovas.
Depois que o assassinou,
Vibrou e se apoderou
De suas sandálias novas.

Outro inimigo ferrenho
Que a história ainda condena,
Perseguidor dos Ferreiras
Na mesma sangrenta arena,
Homem muito violento
E cruel foi o sargento
De nome José Lucena.

Foi esse Lucena quem
Deu fim a seu Zé Ferreira,
Pai de Lampião, cabeça
Dessa família encrenqueira
Que ali se movimentava,
O que não justificava
Essa atitude grosseira.

Ao saber dessa tragédia,
Virgulino disse: "Faço
Nesse instante uma promessa,
Com força e desembaraço,
Pois não tenho outra saída.
De hoje em diante, a minha vida
Será dentro do cangaço".

Por esse tempo a família
Ferreira estava sem gado,
Sem terra e sem horizonte,
Sem paz e sem resultado,
A perseguição crescendo
E a justiça protegendo
Apenas o outro lado.

Danado é que Virgulino
Disse que se vingaria
Do Zé Lucena, porém
Entrou dia e saiu dia
Em busca desenfreada,
Mas findou, numa emboscada,
Matando quem não queria.

Assassinou um soldado
Pensando que era o José
Lucena, que vinha atrás,
Mais devagar e a pé,
E se livrou do castigo.
Outro seu grande inimigo
Foi Clementino Quelé.

João Nunes e Luiz Flor,
Naqueles mesmos terrenos,
Em nenhum momento foram
Seus inimigos pequenos.
O jovem Idelfonso Flor
Foi um seu perseguidor,
Ao lado dos Nazarenos.

Euclides Flor, Manoel Neto,
David Gomes Jurubeba,
Mais o tenente Caçula
Viveram na mesma gleba,
Ou seja, no mesmo chão.
Foram para o capitão
Uma espécie de pereba.

Lampião na trilha do cangaço

Aniceto e Manoel Flor
Tiveram como destino
Perseguir os cangaceiros
E assassinar Virgulino,
Que da dupla se esquivou.
Arlindo Rocha matou
O cangaceiro Sabino.

Zé Rufino foi um grande
Matador de cangaceiros.
Acho até que o maior,
Por ser um dos mais ligeiros.
Mas devo citar aqui
O soldado Bem-te-vi,
Além de Optato Gueiros.

Optato escreveu livro
Contando o cotidiano
De Lampião, cada luta,
Cada queda, cada plano,
Conforme li e reli.
E o soldado Bem-te-vi
Foi quem matou Mariano,

Que era um cangaceiro calmo,
Que estava sempre sorrindo,
Mas apreciava ver
Inimigo se extinguindo.
Parecendo um boa-praça,
Só lutava achando graça,
Por certo se divertindo.

Moreira de Acopiara

E ele estava em Juazeiro
Do Norte, o meu Cariri,
Ao lado de Lampião,
E até rezou por ali.
Depois, nesse vem e vai,
Acabou matando o pai
Do soldado Bem-te-vi.

E houve, por esse motivo,
Essa vingança cruel.
Mas quero falar agora
Do rapaz Ezequiel,
Que Arsênio Alves matou.
Nisso Lampião provou
Mais uma taça de fel.

O soldado Mané Veio
Foi um que assassinou
Luiz Pedro, o cangaceiro
Que Virgulino adotou
Como seu melhor amigo.
Mas outra vez aqui digo:
Lampião não se vingou.

E só porque não deu tempo,
Pois esse fato se deu
Exatamente no dia
Que Lampião faleceu.
Foram muitos os perigos,
As dores e os inimigos
Sedentos que conheceu.

Cito ainda aqui Botoque,
O melhor rastreador
Que perseguiu Lampião
Em todo o interior
Do estado de Pernambuco,
Que quase deixa maluco
Esse malvado senhor.

Estou me lembrando ainda,
Nesses momentos finais,
De Sandes, um ex-coiteiro,
Que nas horas cruciais
Resolveu abandonar
Essa trincheira e lutar
Ao lado dos generais.

Ou seja, ele aliou-se
À volante do tenente
João Bezerra, o mais afoito,
Mais astuto e competente
De todos os comandantes
Das perigosas volantes
Naquele tempo inclemente.

E foi justamente João
Bezerra quem comandou
A volante principal
Que em Sergipe assassinou
Lampião e outros dez.
Foram momentos cruéis
Que o mundo presenciou.

Moreira de Acopiara

Ao soldado Noratinho
Coube a glória de atirar
De surpresa em Lampião,
Que acabava de acordar
Naquele fatídico dia.
Isso é o que se noticia,
Mas eu não posso provar.

Muitas coisas acontecem
E a gente mal acredita.
Coube a Panta de Godoy
Assinalar a desdita
Da mulher que muito inspira.
Foi Panta quem pôs a mira
Sobre Maria Bonita.

Muitos outros inimigos
Lampião teve, eu assumo.
Nestas vinte e nove estrofes,
Fiz apenas um resumo.
Você que faz o que faço
Leia mais sobre o cangaço,
Eu mostrei somente um rumo.

CANGACEIROS

O Nordeste brasileiro
É um lugar maravilhoso.
Rico em todos os aspectos,
Tem um povo generoso,
As paisagens mais bonitas
E o tempero mais gostoso.

Mas também tem seus problemas
E suas dificuldades,
Homens de muito bom gosto,
De elevadas qualidades,
Elementos bons e maus
E mil possibilidades.

Depois de longa pesquisa,
Que é coisa que sempre faço,
Resolvi usar meu tempo,
Minha verve e este espaço
Para falar um pouquinho
Sobre os homens do cangaço.

No tempo de Lampião,
Houve alvoroço na terra,
E muitos dos cangaceiros
Tinham seu nome de guerra.
Vou falar de alguns, ciente
De que todo mundo erra.

De modo que posso errar
Falando dos apelidos
Desses muitos elementos
Que o sistema os fez perdidos,
A vida os fez marginais,
E o destino os fez bandidos.

Muitos desses cognomes
Eram para despistar
Os inimigos. Traziam
O nome de algum lugar,
As marcas da crueldade
Ou algo peculiar.

Lembravam habilidades,
A feiura ou a beleza,
A coragem, a vingança,
As coisas da natureza,
Uma paixão, uma causa,
Ou mesmo alguma destreza.

Muitos apelidos foram
Várias vezes adotados,
Principalmente os mais fortes,
Ou mesmo os mais engraçados.
Cangaceiros que morriam
Eram homenageados.

Um exemplo foi Criança,
Cangaceiro de Corisco,
Outro de Tubúrcio Santos
E outro de José Francisco.
Cada qual o mais valente,
Mais esperto e mais arisco.

Muitos Gatos foram vistos
No meio da cabroeira.
Um Gato de Lampião,
Outro de Sinhô Pereira
E um outro de Jesuíno,
Forte como Mão Foveira.

Recordo André Marinheiro,
Ou André Gomes de Sá,
José Pedro e Ameaço,
Açucena, Tangará,
Bicão, Ângelo Imbuzeiro,
Barra de Aço e Badá.

Antônio Francisco Silva
Nunca foi homem tão certo.
Faísca de Floro Gomes
Se julgava muito esperto.
Cajueiro era também
Chamado de José Terto.

Dizem que Antônio de Engrácia
Era pior que Bozó,
Mais bonito que Benício,
Melhor que Antônio do Ó,
E ao lado de Boca Negra
Nunca se sentia só.

Moreira de Acopiara

Antônio de Sinhô Naro
Era forte em toda prova,
Bem como Antônio Godê,
Anjo Novo, Barra Nova,
Antônio do Gelo, Duda,
Boa Vista e Pé na Cova.

Mais de dez outros Antônios
Teve a malta cangaceira.
Mas cito Antônio Batista,
André, Porcino e Ferreira,
Barreira, Antônio Bernardo,
Roque, Barbosa e Pereira.

Antônio Augusto Correia
Primeiro quis ser Bagaço.
Depois virou Meia-noite
E conquistou seu espaço
Ao lado de Deus Te Guie,
Floro Gomes e Sanhaço.

Antônio Tomaz gostava
De trabalhar com Livino,
Chá Preto negociava
Com Manoel Vitorino,
E Antônio Valério era
Parceiro de Florentino.

E como não mencionar
O cangaceiro Arvoredo,
Um que só dormia tarde
E acordava muito cedo
E do sertão causticante
Sabia todo o segredo?

Para mostrar que a pesquisa
Que fiz foi robusta e rica,
Quero mencionar Chumbinho,
Besta Fera, Tiririca,
Sabino, Serra do Umã,
Tetéu, Craúna e Peitica.

O temido Vela Branca
Pisou o mesmo terreno
Trilhado por Paturi,
Por Nanico e por Moreno.
Nenhum desses elementos
Foi café muito pequeno.

Mocinho Godê não tinha
Muito medo de cadeia.
Mergulhão Dois e Meu Primo
Não gostavam de Candeia,
Mas a ele recorriam
Se a coisa ficava feia.

Asa Branca e Ciço Costa
Eram a mesma pessoa.
Baliza não balizava,
Calado falava à toa,
E Atividade era calmo
Como Guri e Quinoa.

Benevides e Bicheiro
Protegiam Bem-te-vi.
Beija-flor nada beijou,
E o mesmo fez Juriti,
Que nunca deu confiança
Para Cobra Sucuri.

Moreira de Acopiara

Guilherme Alves gostava
Que o chamassem de Balão.
Ferragem (Deco Batista)
Trabalhava com Bimbão,
Que era firme como Elias,
Pó Corante e Devoção.

No cangaço tinha ainda
Borboleta, Demudado,
Cabo Preto, Café Chique,
Carrasco, Desembestado,
Bom de Vera, Casca Grossa,
Cana Brava e Desastrado.

Eram nomes engraçados,
Como notamos aqui.
Cachimbo, Caixa de Fósforo,
Casa Velha e Cariri
São outros nomes marcantes
Que em dois ou três livros li.

Li também Cirilo Antão,
Jandaia, Bicho de Pé,
Jararaca, Jaçanã,
Mel com Terra, Zé Quelé,
Asa Negra, Lua Branca,
Pinga Fogo e João Dedé.

Benevides tinha um cabra
Com nome de Cajazeira.
Nessa mesma rinha tinha
Lavandeira, Quixabeira,
E um de nome José Gomes
E apelido Cabeleira.

Outro de nome engraçado,
A meu ver, era Cão Cocho,
Bem como Pilão Deitado,
Carta Branca, Cravo Roxo,
Pedro Quelé, Fura Moita,
José Marinheiro e Chocho.

Manoel Vítor Martins
Não gostava de aparato
E era companheiro de
Dô da Lagoa do Mato,
Antônio Biluca, Brando,
Firmino Miranda e Fato.

Cansanção e Bananeira,
Coco Verde e Batucada
Eram da geração forte
De Iô Iô e Trovoada,
João Vaqueiro, Ceará,
Neco Barbosa e Pancada.

Cirilo do Lagamar
Era bruto cangaceiro,
Assim como Cacheado
E o conhecido Coqueiro,
Além de Chico Pereira,
Nevoeiro e Candeeiro.

Cirilo de Engrácia era
Parceria de Cancão,
Bronzeado, Flaviano,
Labareda, Gavião,
Esperança, Delegado,
Zé Baiano e Azulão.

Moreira de Acopiara

Corisco, Cocada e Sila
Não conheceram conforto.
Vereda, Chico Caixão,
Jurema e Júlio do Porto
Sofreram do mesmo jeito
Que padeceu Quase Morto.

Elpídio Freire lutou
Ao lado de Jiboião,
De Clementino Cordeiro,
Zica, Barata, Simão,
José Bacalhau, Cruzeiro,
Zé da Mira e Damião.

Catingueira andava às turras
Com o imprevisto Cindário.
Joaquim Mariano tinha
Muito medo de Canário.
Guerreiro não guerreou
Com o valente Januário.

A lista dos cangaceiros
É grande, quase sem fim,
Mas cito Joaquim Ponteiro,
Joaquim Gomes, Zepelim,
Zé Sereno, Zé Valério,
João Sem Fim e Serafim.

A grande lista prossegue
Com Fiapo, Jitirana,
Dadá, João Branco, João Brito,
João Cirino, Cajarana,
Zé Barbosa, Zé da Guia,
Cruz Vermelha e Caninana.

Tinha também Zé Melão,
E mais de um Zé Pequeno;
Zé Bizarria, Zé Preto,
Zé Pinheiro, Zé Sereno,
Zé Grande, Corpo Fechado,
Velocidade e Veneno.

Tinha José Genoveva,
Umburana e Zé Dedé,
Pinto Cego, Ponto Fino,
Duque e Quintino Bilé,
Pedro Rocha, Pitombeira,
Pontaria e Canindé.

Manoel de Nara era
Cabra de Antônio Silvino,
Mas cito outros Manoéis,
Como Manoel Porcino,
Manoel Vaqueiro e Toalha,
Benedito e Tiburtino.

Havia muitas mulheres,
Mas lembro aqui Durvalina,
Inacinha e Mariquinha,
Dulce, Enedina, Cristina,
Maria Bonita e Lídia,
Bárbara e Maria Jovina.

Sobre muitas outras eu
Confesso que falarei,
Mas noutro cordel, porque
Nesse momento optei
Por falar dos cangaceiros,
Depois que muito estudei.

Moreira de Acopiara

Houve mais de um Meia-noite
Apavorando o sertão
Ao lado de Mão de Grelha,
Manché Purvinha, Mourão,
Ventania, Diferente,
Luiz Pedro e Mansidão.

Examinando uns retratos,
Algo que eu acho bonito,
Identifiquei Tubiba
E um amargo Pirulito,
Além de Recruta, um que
No cangaço era perito.

Identifiquei, ainda,
Félix da Mata e Capão,
Um perigoso Guará,
Um de nome Valadão
E um de fala grossa que
Atendia por Trovão.

Já quase encerrando a lista,
Quero falar de Quindu,
Carrapicho, Pontual,
João Beiçudo, Mulungu,
Lasca Bomba, Junta Mole,
Amoroso e Come Cru.

Rio Preto e Rio Branco,
Tempo Duro e Correnteza,
Dois de Ouro, Patativa,
Miúdo e Delicadeza
Fizeram os mesmos caminhos
Que pisou Júlio Presteza.

Toinho da Cachoeira
Acompanhou Cacheado,
Rebuliço, Sabonete,
Chapéu de Couro, Rajado,
Volta Seca, Vinte e Dois,
Cordão de Ouro e Dotado.

Leopardo foi do tempo
Dos valentes Sanhaçu,
Moeda, Beleza, Adolfo,
Fortaleza, Capuxu,
Novo Tempo, Zabelê,
Corró e Mandacaru.

Moita Braba muitas vezes
Deu abrigo a Passarinho,
Pedro Miranda, Moderno,
Miguel Praça, Porco-Espinho,
Pedro Porcino, Fumaça,
Português e Pintadinho.

Saracura caminhava
Com Alexandre Mourão,
Suspeita, Terto Barbosa,
Urso, Vassoura, Trovão,
Limoeiro, Maçarico,
Quinta-feira e Lampião.

Descobri mais alguns nomes,
A começar por Sibito,
Abre e Fecha, Bem, Sofreu,
Budé, Pifado, Cambito,
Costado, Elétrico, Dunga,
Palito, Tosco e Bonito.

Moreira de Acopiara

Quase no final do texto,
Falo de João Mariano,
Joaquim Monteiro, Cristino
E Manoel Tertuliano,
Cuscuz, Medalha, Canjica,
Mané Veio e Fino Pano.

Declaro que ainda cabem
Muitos nomes nesta lista,
Mas alerto que você
Pesquise mais, não desista.
Esse campo é muito vasto,
E eu dei somente uma pista.

Leia mais sobre o Nordeste,
Sei que você vai gostar,
E esse tema fascinante
Eu acho bom pesquisar,
Porque cangaço também
É cultura popular.

Mas, felizmente, é uma coisa
De muitos anos atrás.
O mundo é bom e bonito,
Nós precisamos de paz.
No sertão ou na cidade,
Violência nunca mais.

MARIA BONITA, O AMOR DO REI

Sabemos que não são poucas
As histórias do cangaço;
Muitas delas fascinantes,
Por isso é que neste espaço
Sobre Maria Bonita
Eu quero deixar meu traço.

Mil novecentos e onze,
Como está num documento,
No dia oito de março,
Deu-se o feliz nascimento.
Para os seus pais, com certeza,
Foi grande o contentamento.

Moreira de Acopiara

Seu nome? Maria Gomes
De Oliveira. Apenas isso.
Cresceu livre, vendo o pai
De casa para o serviço,
A mãe cuidando do lar
E de cada compromisso.

Dona Déa, sua mãe,
Sertaneja destemida,
Cuidou tão bem da menina,
Dando tudo na medida,
Que por Maria de Déa
Ela ficou conhecida.

Num lugar muito singelo
Cresceu essa encantadora
Menina bonita, esperta,
Perspicaz e sonhadora,
Para no cangaço ser
Resistente e transgressora.

Com quinze anos de idade,
Casou-se com um sapateiro.
Um primo dela, um sujeito
Muito mais velho, arengueiro,
Boa vida, mulherengo,
Violento e trapaceiro.

Logo aquele casamento,
Mal arranjado e ruim,
Antes de três anos foi
Descambando para o fim.
Maria não suportava
Ser tão maltratada assim.

Esse seu primo e marido
Não lhe deu felicidade,
Muito menos filhos, por
Causa da esterilidade,
O que causou em Maria
Grande contrariedade.

Por esse tempo, o cangaço
Imperava no sertão.
E Virgulino Ferreira,
O popular Lampião,
De vez em quando passava
Por aquela região.

E ele um dia apareceu
Onde morava Maria,
Perto de Jeremoabo,
No interior da Bahia.
Quando ela o viu, balançou
De emoção e de alegria.

Na verdade, há algum tempo
Maria vinha querendo
Se encontrar com Lampião,
E toda se derretendo
Pelo bandido, afirmando:
"Se ele vier, eu me rendo".

Lampião também sentiu
Seu coração palpitar.
Especulou sobre ela
E, antes de se retirar,
Chegou mais perto e indagou
Se ela sabia bordar.

Ela respondeu que sim,
E Lampião disse: "Pois
Nesse caso vou deixar
Com você ao menos dois
Lenços de seda. Você
Borda, e eu pego depois".

Lampião disse mais: "Vou
Fazer umas correrias,
Visitar uns conhecidos,
Arranjar mercadorias,
Fechar negócios... Mas devo
Retornar em quinze dias".

Continuou Lampião:
"Faça-me o grande favor!
Gosto de coisas bonitas,
E, se eu for merecedor,
Capriche e receberá
Paga de justo valor".

Maria se alegrou muito
Com a possibilidade
De agradar o cangaceiro,
Já que era a sua vontade.
O certo é que ela vibrou,
E houve reciprocidade.

Corria mil novecentos
E vinte e nove. Maria
Contava dezoito anos
De idade e muito sofria.
Escrever a sua história
Era o que ela mais queria.

Certo é que, passados quinze
Dias, Lampião voltou,
Pegou os lenços bordados,
Elogiou e pagou,
E um sentimento mais forte
Entre os dois principiou.

Essa amizade, em seguida,
Em amor foi transformada.
Maria de Déa, que
Se sentia abandonada,
Viu em Lampião a chance
De ser feliz e amada.

Durante alguns longos meses,
Aquele amor só cresceu,
Até que, sem avisar,
Lampião apareceu
E disse: "Vou viajar,
Quero que venha mais eu".

Ele disse mais: "Você
Possui a melhor linhagem,
É despachada e bonita,
E vejo que tem coragem.
Venha empreender comigo
Longa e bonita viagem".

Lampião disse mais: "Preste
Muita atenção no que digo.
Se você se dispuser
A ir embora comigo,
Na caminhada haveremos
De enfrentar muito perigo.

Moreira de Acopiara

Pode até ser que tenhamos
Algum desentendimento,
Precisemos almoçar
Em precário acampamento,
Atravessar rio a nado
E dormir sob o relento".

Ela respondeu: "É meu
Desejo andar do seu lado,
Fazê-lo feliz, disposto,
Astuto e realizado.
Farei de você o homem
Mais respeitado e amado".

Disse mais Maria: "Sabe,
Lampião, a minha crença
É que ao seu lado terei
Uma vida muito intensa.
Darei meu melhor, e quero
Amor como recompensa".

E Lampião respondeu:
"Pode ocupar seu espaço,
Assumir o seu lugar
E receber meu abraço".
E Maria se tornou
A rainha do cangaço.

Mil novecentos e trinta
Corria tranquilamente.
Ou talvez nem tanto assim,
Pois no Brasil muita gente
Entre trancos e barrancos
Caminhava descontente.

Reinava o coronelismo,
A luta pelo poder,
O sistema corrompido,
Ninguém querendo ceder,
E os mais humildes tentando
Apenas sobreviver.

Maria de Déa era
Mais uma que só queria
Viver com tranquilidade
E conhecer a alegria
De amar e de ser amada,
Algo que não conhecia.

E de alma e de coração
Embarcou nesse projeto.
Ela, inquieta, apaixonada;
Ele apaixonado e inquieto.
O sertão abriu as portas,
E o amor se fez completo.

E esse amor tão sem medidas,
Que não conheceu fronteiras,
Durou oito breves anos
Entre fugas, brincadeiras,
Tiros, coitos apressados
E tarefas rotineiras.

Maria foi a primeira
A fazer parte do bando.
Depois dela, algumas outras
Devagar foram chegando,
Se impondo, ocupando espaço,
Defendendo e atacando.

Moreira de Acopiara

Cito Maria Cardoso,
Sila, Dadá, Inacinha,
Moça, Maria Fernandes,
Iracema, Mariquinha,
Josefa Maria, Lica,
Áurea, Leonora e Zefinha.

No bando ainda tinha Lídia,
A mais linda do sertão;
Enedina, Durvalina,
Maria da Conceição,
Além de Sabina, que
Era esposa de Balão.

Algumas outras mulheres
Tiveram a mesma sina,
Caso de Otília, Verônica,
Adélia, Dulce, Cristina,
Doninha, Sebastiana
Lima e Maria Jovina.

Às vezes elas passavam
Por escassez de alimentos,
Prolongadas caminhadas,
Carência de suprimentos,
Chuva, sol forte, polícia
E combates violentos.

Porém Maria de Déa
Era a mais paparicada.
Tinha muitas regalias,
Andava muito enfeitada
Com roupas finas e joias,
E além de tudo assanhada.

Ela engravidou três vezes,
Conforme a história explicita.
Duas vezes abortou,
O que a deixou muito aflita,
Mas na terceira alegrou-se,
Porque nasceu Expedita.

Mas a criança não pôde
Ficar no acampamento,
E Maria passou por
Grande descontentamento,
Pois não pôde acompanhar
Da menina o crescimento.

E em mil novecentos e
Trinta e oito aconteceu
Marcante episódio que
A muitos surpreendeu:
O bando foi emboscado
E a rainha faleceu.

Morreu também Lampião
E outros onze companheiros.
Claro que todos bandidos,
Marginais arruaceiros.
Alguns outros escaparam
Porque foram mais ligeiros.

Para Maria de Déa
E Lampião, a desdita
Foi total, e sobre os dois
Muita coisa foi escrita.
Morreu Maria de Déa,
Nasceu Maria Bonita.

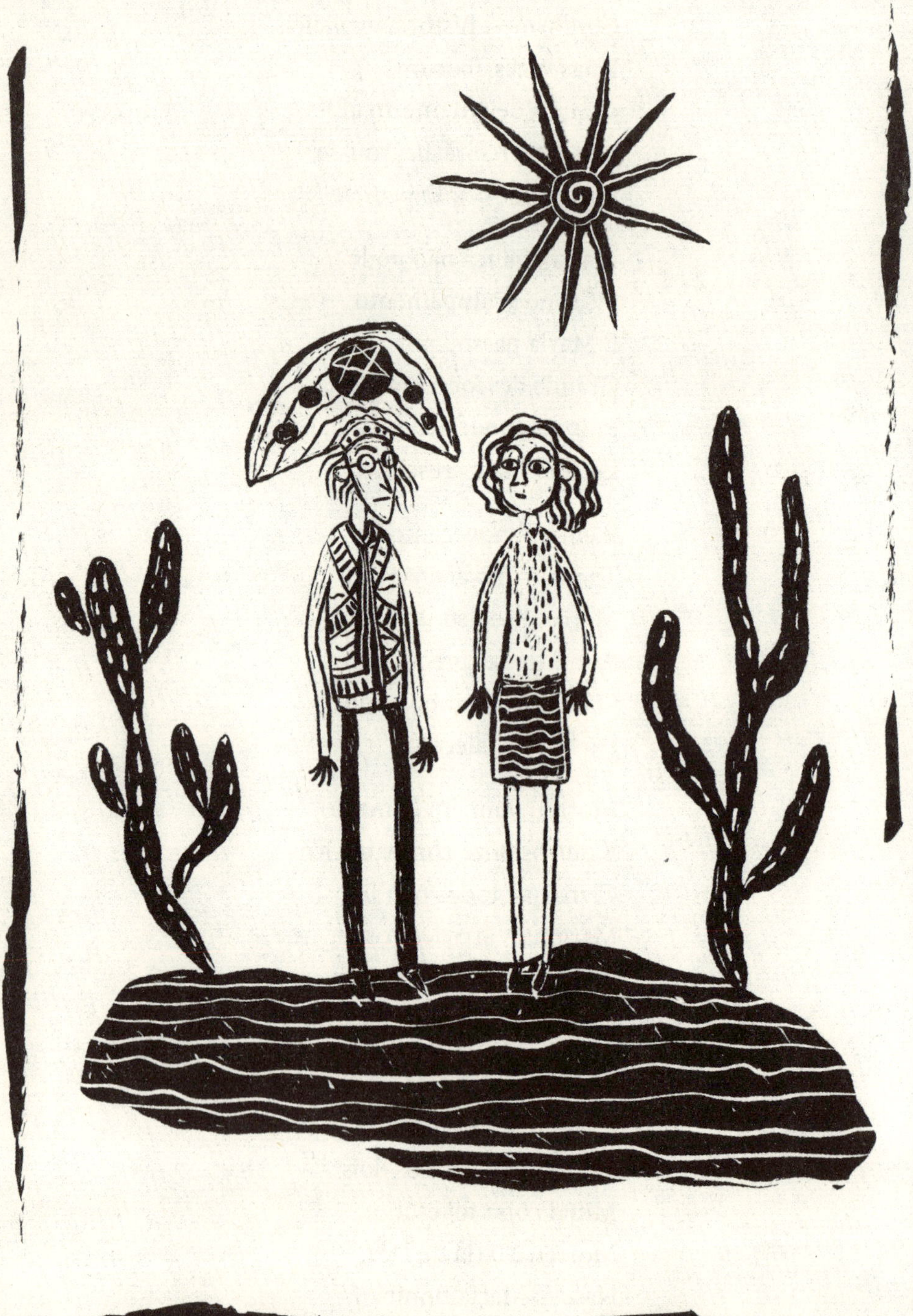

CASAIS DO CANGAÇO

No tempo de Lampião,
Só tinha homens no bando.
Isso no começo, pois
As coisas foram mudando
E algumas mulheres foram
Aos poucos se aproximando.

Naquele tempo, as mulheres
Eram mais discriminadas.
E eu fiquei sabendo que
Muitas eram obrigadas
A se casar sem amor
Ou viver subjugadas.

Outras viviam sofrendo
Enormes dificuldades
Nas mãos de pais carrancistas,
De fracas habilidades,
Já muito cansadas de
Tantas adversidades.

Para algumas, um carinho
Era algo muito raro.
De um lado, alguns homens que
Não tinham quase preparo;
Do outro, mulheres simples
Que só queriam um amparo.

Como exemplo cito Sila,
Que teve vida agitada
Ao lado de Zé Sereno,
Depois de ser raptada
Por ele aos catorze anos,
Mas que nunca foi beijada.

Mas tudo tem exceção:
Às vezes um homem rude
Possui um coração brando,
Reconhece a finitude
De tudo e mostra que tem
Consigo alguma virtude.

Me refiro aos cangaceiros:
Gente capaz de brigar,
Sequestrar e extorquir
E muitas vezes matar,
Mas eram seres humanos
Também capazes de amar.

Os cangaceiros viviam
Entre poeira, fumaça,
Sol e chuva, mas diziam:
"Nessa vida tudo passa,
E um homem sem companheira
É coisa muito sem graça".

LAMPIÃO NA TRILHA DO CANGAÇO

Quase sessenta mulheres
Fizeram parte do bando.
Muitas ficaram famosas
E as lembro de vez em quando;
Vou citar aqui algumas,
Enquanto estou recordando.

Mas, para que meus esforços
Não sejam todos perdidos,
Desejo dizer também
Os nomes dos seus maridos.
Não quero que estes relatos
Terminem comprometidos.

A primeira das mulheres
Que tomou a decisão
De entrar para o grupo que
Era assombro no sertão
Foi Maria Gomes, uma
Que viveu com Lampião.

E ela tornou-se a rainha
Daquela trupe esquisita.
Os dois tiveram uma filha,
Que chamaram de Expedita.
Depois de morta, Maria
Virou Maria Bonita.

Corisco foi cangaceiro
Que ninguém esquecerá.
Andou por muitos lugares,
Brigou aqui e acolá,
Mas foi quem recebeu todos
Os carinhos de Dadá.

Moreira de Acopiara

Lídia, a mais linda mulher
Que o cangaço conheceu,
Enfeitiçou Zé Baiano,
E ao lado dele viveu
Um grande amor, mas um dia
Triste coisa aconteceu.

Ela encontrou Bem-te-vi,
Um amor adolescente.
O fogo reacendeu,
Pois ainda estava quente.
Zé Baiano descobriu
E a assassinou brutalmente.

Beija-flor viu em Verônica
Um futuro, uma esperança,
Por isso mesmo lhe deu
Muito mais que segurança.
Durvinha ajeitou Moreno,
Dulce viveu com Criança.

Entre Sila e Zé Sereno
Um amor robusto se fez.
Mariquinha e Lavandeira
Se amaram mais de uma vez.
Marina abraçou Cocada,
Cristina amou Português.

Entre Zefinha e Besouro,
Casal muito perigoso,
Por acaso aconteceu
Um lindo lance amoroso.
Jitirana dava tudo
Para Maria Cardoso.

Nos braços de Iracema
Pinga-fogo adormecia.
O belicoso Relâmpago
Abrandava quando via
O semblante airoso de
Seu bem Josefa Maria.

Inacinha via em Gato
O perfil de um bom menino.
Moça entregou-se a Cirilo,
Por manobra do destino,
Suavizando as agruras
Daquele andar peregrino.

Veado Branco gostava
Da palpitosa Idalina.
Cajazeira não deixava
De acarinhar Enedina,
E Elétrico eletrizava
Seu grande amor Eufrozina.

Quando Lica decidiu
Seguir um novo caminho,
Encontrou seguro porto
Nos braços de Passarinho.
Podendo, Áurea não deixava
Gorgulho fora do ninho.

Certo dia, Durvalina
Encontrou-se com Moderno,
E nas tendas do cangaço
Aflorou amor eterno,
Transformando em lindo céu
O que antes era um inferno.

Moreira de Acopiara

Maria Fernandes foi
Grande amor de Juriti.
Moita Brava foi carrasco,
E veja o que descobri:
Amou Sebastiana Lima
Depois que matou Lili.

Canário cantava forte
No poleiro de Adília.
Mariano Granja nunca
Tirava os olhos de Otília.
Boa Vista viu em Laura
A sua inteira família.

Houve mais um passarinho
Que nutriu grande paixão
Por linda moça de nome
Maria da Conceição.
Sabina apagava o fogo
Do muito quente Mourão.

Azulão era zangado,
Mas dizem que, quando via
A beleza estonteante
Da sertaneja Maria,
Tão bonita quanto a outra,
Azulava de alegria.

Quando Maria Jovina
Sentia ao menos o cheiro,
Ou a presença marcante
Do negro Azulão Terceiro,
Parecia ver mil aves
Cantando no seu terreiro.

Julinha se revoltava
Toda vez que Revoltoso
Tinha que deixá-la só,
Em algum couto amistoso.
Mas ele sempre voltava,
Ansioso e amoroso.

Maria, irmã de José
De Neném, era uma seda,
E com Maria de Déa
Entrou na mesma vereda
A fim de encontrar conforto
Nos braços de Labareda.

Ao lado de Rio Branco
Florência viu resultado.
Gavião amou Nazinha,
Dinda abraçou Delicado,
Maria de Jesus fez
De Miúdo o seu amado.

Pensando em Mangueira de
Pepita, a gente suspira.
Quando se pensa em Maria
De Pancada, o mundo gira
Com Neném de Luiz Pedro,
Com Meia-noite e Zulmira.

No universo do cangaço,
Houve alguns outros casais.
Mas neste cordel eu quis
Revelar os principais.
Todo texto curto fica
Com gosto de quero mais.

Moreira de Acopiara

Mas é se ele for bem feito!
Pois, quando um texto não tem
Conteúdo, ou se o autor
Não consegue fazer bem,
Fica muito sem sabor
E não agrada a ninguém.

Sobre o cangaço eu sou um
Dos leitores mais fiéis.
E esse período me lembra
O tempo dos coronéis,
Outro movimento forte,
Tema para mais cordéis.

O CANGAÇO E SUAS CURIOSIDADES

Os homens são vaidosos,
Diz um antigo ditado
Do tempo dos meus avós,
Mas ainda estou lembrado.
No cangaço havia um
Que era muito preparado.

Eu, que já compus cordéis
Falando de amenidades
E tudo o mais, falarei
Das peculiaridades
De um cangaceiro famoso,
Sem muitas formalidades.

Falo aqui de Lampião,
De todos o mais famoso.
Prestava atenção em tudo
E era supersticioso.
E ele só não morreu cedo
Por ser muito cuidadoso.

Moreira de Acopiara

No geral, todos os outros,
Com mais ou menos poder,
Eram bons estrategistas,
Sabiam se defender,
Só porque acima de tudo
Tinham que sobreviver.

Por outro lado, eles eram
Apenas seres humanos.
Tinham fraquezas e forças,
Sonhavam, faziam planos,
Viviam momentos bons
E de grandes desenganos.

Mas vou concentrar esforços
Nesta minha explanação,
Ou neste texto, e falar
Do assombro do sertão,
O mais perverso, o que tinha
O nome de Lampião.

Nas suas muitas andanças,
Frequentemente dizia
Que a partir de Pernambuco
Ainda governaria
Alagoas e Sergipe
E um pedaço da Bahia.

Mas é claro que esse sonho
Nunca foi realizado.
Nem poderia, porque
Um sujeito muito errado,
Quando a questão fica séria,
Não obtém resultado.

Desconfiado ao extremo,
Ao meio-dia rezava,
Respeitava os padres, e às
Sextas-feiras jejuava.
Durante a semana santa,
Descansava e não brigava.

Usava óculos e era
Minimamente letrado,
Fazia versos, gostava
De cordel e de xaxado,
E por tudo acreditava
Que tinha o corpo fechado.

Seu desejo era que o povo
Comum não tivesse acesso
Às informações corretas,
E combatia o progresso.
Com o povo desinformado,
Era certo o seu sucesso.

Era o que ele imaginava
E o deixava satisfeito.
Não sei se ele estava certo,
Errado, torto ou direito.
Só sei que alguns poderosos
Hoje são do mesmo jeito.

Às vezes o cangaceiro,
Visando ao seu próprio bem,
Cortava fios elétricos,
Queimava estação de trem
E dinamitava estradas
Sem dizer nada a ninguém.

A chegada das mulheres
Ao cangaço trouxe algum
Embaraço para o grupo,
Mas, do modo mais comum,
Lampião fazia os partos
Sem sacrifício nenhum.

Havia sido vaqueiro
Nos primórdios dos seus dias.
Por esse tempo, uma das
Suas grandes alegrias
Era auxiliar as vacas
A dar à luz suas crias.

Quando ali fazia um parto,
Ficava muito feliz.
Aquelas mulheres eram,
Conforme a história diz,
Desde cedo habituadas
A condições muito hostis.

E elas nunca recebiam
Cuidados especiais.
Se tratavam com remédios
Da flora, os mais naturais,
Do mesmo jeito dos tempos
Comuns dos seus ancestrais.

Em mil novecentos e
Trinta e dois, quando Expedita
Nasceu, foi grande o sufoco,
Porque Maria Bonita
Não quis apartar-se dela,
Então ficou muito aflita.

Mas, naquelas condições,
Lampião foi o primeiro
A dizer: "A nossa filha
Será entregue a um coiteiro,
E ele a entregará a João,
Meu irmão não cangaceiro".

Uma vez, num tiroteio,
Lampião correu estreito,
E um espinho pontiagudo
Feriu seu olho direito.
Tratou o melhor que pôde,
Mas perdeu, não teve jeito.

Em Juazeiro do Norte,
Ele um dia apareceu,
E o Padre Cícero Romão
Com cautela o recebeu.
Um repórter da cidade,
Muito astuto, o descreveu.

Revelou que ele era magro,
De mediana estatura,
Cabelos pretos e fartos,
Olhar sério, pele escura
E, quando andava, mostrava
Correta desenvoltura.

No pescoço usava um lenço
De um verde muito vibrante,
Com nó artístico e preso
Num lindo anel de brilhante,
E um chapéu de feltro escuro,
Sem enfeite extravagante.

Moreira de Acopiara

Usava uma roupa cáqui,
Umas sandálias de couro,
E nos dedos das mãos seis
Bonitos anéis de ouro.
E um poderoso amuleto
Que espantava todo agouro.

Conversando, praticava
Linguagem coloquial.
Portava rifle, pistola,
Mais um comprido punhal,
E de resto não passava
De um sertanejo normal.

Firme, resoluto, não
Gostava de muita graça.
Quanto aos outros cangaceiros,
Bebiam muita cachaça,
Tinham cheiro de suor,
De perfume e de fumaça.

Lampião bebia pouco,
Mas gostava de beber
Uma dose de conhaque,
Que era para espairecer.
Também gostava de uísque,
Mas sabia se conter.

Gostava de ler jornais
E lia muitos volumes,
Especialmente as colunas
Que tratavam de costumes.
Os banhos eram escassos,
Mas usava bons perfumes.

Além disso, praticava
Peculiar disciplina
De impor respeito ao grupo
E viajar na surdina.
Andar apagando os rastros
Era natural rotina.

Em momentos mais agudos,
Caminhava para trás,
Ocultando a direção
E disfarçando os sinais.
E achavam que seus poderes
Eram sobrenaturais.

Lampião sobreviveu
Vinte anos no cangaço.
Enfrentou muitos perigos,
Recebeu mais de um balaço,
Mas sempre soube se impor
E mandar no seu pedaço.

Muitos soldados morriam
De raiva do cangaceiro,
Sem poder capturá-lo
No Nordeste brasileiro.
Na linguagem popular,
Ele era muito matreiro.

Tentaram de todo jeito
Deixá-lo sem munição
Ou desprovido de armas
E até de alimentação,
Mas um grande estrategista
Foge de toda armação.

Moreira de Acopiara

Ele tinha cobertura
De outros homens importantes,
Desde os grandes fazendeiros
A meros simpatizantes,
Estruturados políticos
E fortes comerciantes.

Outros que o protegiam
Eram velhos coronéis.
Mas sua história completa
Não cabe em poucos papéis,
Mas muito já foi contado
Em dezenas de cordéis.

Havendo oportunidade,
Escreverei novamente,
Claro que com alegria,
Sobre esse cabra valente,
Cuja complicada história
Prende ainda muita gente.

ALIMENTAÇÃO NO CANGAÇO

Uma vez, eu percorrendo
O interior do sertão,
Alguém me perguntou sobre
O lendário Lampião
E quis saber como era
Sua alimentação.

Não só de Lampião, mas
De todos os cangaceiros,
Homens fortes, destemidos,
Temíveis e aventureiros,
Conhecedores das matas,
Dispostos e caminheiros.

Eu atendi o pedido
E iniciei a pesquisa
Com toda a tranquilidade,
Porque poeta precisa
De muitas informações,
Por isso é que se organiza.

Moreira de Acopiara

Agora pense na cena:
Seis, vinte, trinta, cinquenta
Homens cansados fugindo
Da polícia sempre atenta!
Como é que essa gente toda
Às carreiras se alimenta?

E como encontrar comida
Nos lugares onde estavam?
De frutas nativas eles
Às vezes se alimentavam,
E, como atiravam bem,
Frequentemente caçavam.

Eles caçavam veado,
Gambá, mocó e tatu,
Preá, tamanduá, peba,
Cobra jiboia, teiú,
Asa-branca, juriti,
Galinha-d'água e jacu.

Eles não tinham conforto,
Viviam dentro da mata,
Se escondendo, andando muito,
Sem ter direção exata,
Dormindo em cima de pedras,
Tendo uma rotina ingrata.

Eram fortes, mas eu tenho
Certeza de que sofriam.
Castigados pelo sol,
Muitas vezes mal dormiam,
Mal bebiam, mal amavam,
E é certo que mal comiam.

Só não morriam de fome
Em meio a tanto perigo
Porque às vezes encontravam
Algum importante artigo
Alimentício que vinha
De um coiteiro, de um amigo.

Mas muitas vezes não tinham
Nem amigo nem coiteiro,
Mesmo tendo os embornais
Cheios de ouro e dinheiro.
De modo que era difícil
A vida de um cangaceiro.

Uma vez um grupo grande
De repente apareceu
Na fazenda de um sujeito,
Por sinal parente meu.
Ele sentiu tanto medo
Que por pouco não morreu.

Quando se recuperou,
Esgravatou o bigode,
E o líder do grupo disse:
"Quem não pode se sacode.
Estamos com fome, vá
Ao chiqueiro e mate um bode".

Meu parente então matou
Uma gorda criação,
E dela preparou farta
Saborosa refeição
De sarapatel, buchada,
Carne guisada e pirão.

Nesse almoço tinha ainda
Batata doce, farinha,
Macaxeira, jerimum,
Feijão verde... E o que não tinha
A mulherada apressou-se
E foi buscar na vizinha.

Certo é que, depois daquele
Almoço tão bem servido,
O chefe do bando, que
Era um homem prevenido,
Pagou tudo muito bem
E se disse agradecido.

Mas isso foi exceção,
Pois, na grande maioria
Das vezes, o cangaceiro
Dentro da mata sofria
Porque não tinha alimento
Nem um copo de água fria.

No meio da densa mata,
Às vezes o cangaceiro
Carregava, como disse,
Farto ouro e bom dinheiro,
Mas só conseguia água
De uma raiz de umbuzeiro.

Isso quando conseguia,
Entre uma e outra andança,
Encontrar um pé de umbu,
Xeretar a vizinhança,
Analisar o terreno
E adquirir confiança.

Confiança pra parar
E arrancar uma raiz,
Ou batata, como o homem
Sertanejo ainda diz,
Depois beber sua água,
Coisa que eu também já fiz.

Não que eu fosse cangaceiro,
Mas sertanejo da gema,
Matuto desinibido,
Frequentador do cinema
Chamado de natureza,
Nosso mais lindo poema.

Umbuzeiro é uma planta
Tida como milagrosa.
No meio do sertão gera
Fresca sombra majestosa,
Água doce e refrescante
E uma fruta saborosa.

Por esses e outros motivos
É que todo cangaceiro
Tinha profundo respeito
E amor pelo umbuzeiro,
Planta que é ainda símbolo
Do Nordeste brasileiro.

Croatá era mais uma
Plantinha que acumulava
Água no olho. Por isso,
Quando o cangaceiro estava
Com sede e avistava uma,
É claro que se alegrava.

Eu disse que acumulava,
Também mencionei plantinha,
Mas quero me corrigir,
Pois nesse universo a minha
Missão é informar direito,
Ou sem me afastar da linha.

Pois muito bem! Croatá
Embeleza qualquer cena.
É uma espécie de bromélia,
Grande e linda, que armazena
Água potável nas folhas,
Em quantidade pequena.

Mas vou deixar de falar
Dessa sagrada bebida
Pra dizer que os cangaceiros
Precisavam de comida,
E ela às vezes terminava
Sendo mal adquirida.

Ou seja, só conseguiam
Na base da violência,
Muito embora muitas vezes
Usassem de inteligência,
Uma estratégia adequada,
Perspicácia e paciência.

Veja que não era fácil
Caminhar com trinta quilos
Nos ombros… Isso deixava
Esses homens intranquilos.
Às vezes não tinham tempo
Nem pra ligeiros cochilos.

LAMPIÃO NA TRILHA DO CANGAÇO

Nos embornais carregavam
Sempre um pedaço de queijo,
Mas muito pouco, e, depois
De delicado manejo,
Mais farinha e carne seca,
Algo muito sertanejo.

Coalhada e leite de vaca
Eram também alimentos
Que amenizavam a fome
Desses bravos elementos
Frequentemente famintos,
Constantemente sedentos.

Em mil novecentos e
Trinta e oito, a vinte e oito
De julho, uns homens do bando
De Lampião (muito afoito),
No município de Poço
Redondo, arranjaram um couto.

Ficaram lá poucos dias,
E com todos os cuidados;
Comeram dois bodes grandes
E gordos, bem temperados.
Para alguns aqueles eram
Os derradeiros bocados.

Lampião, um homem esperto,
Deu bobeira, vacilou.
Chamou seu coiteiro Pedro
De Cândido, encomendou
Muitos mantimentos, mas
Esse amigo fraquejou.

Moreira de Acopiara

Lampião pediu que Pedro
Comprasse açúcar, feijão,
Queijo, café, rapadura,
Óleo, carne seca e pão.
Mas nessa viagem Pedro
Preparou grande traição.

Em vez de voltar alegre,
Trazendo cada delícia,
Já que ganhava tão bem,
Conforme tive notícia,
Pedro de Cândido, covarde,
Voltou trazendo a polícia.

Eu disse que foi covarde,
Mas posso estar enganado,
Pois alguns pesquisadores
Dizem que ele foi forçado
A dizer o paradeiro
De quem era tão caçado.

E ali, na grota de Angicos,
Onde se achava escondido
E até julgava que estava
Seu grupo bem protegido,
Lampião, rei do cangaço,
Foi mortalmente ferido.

MEDICINA E CANGAÇO

No finalzinho do século
Dezenove, no Nordeste
Brasileiro, que até hoje
De belezas se reveste,
Havia, como ainda há,
Seca, violência e peste.

Se bem que, nos nossos dias,
As coisas estão suaves.
No campo da segurança
Já temos menos entraves,
A saúde melhorou,
E as pestes são menos graves.

Isso porque houve avanços
No campo da medicina.
Antigamente, pra tudo
Se tomava uma aspirina,
Mas já temos mais remédios
E tudo quanto é vacina.

MOREIRA DE ACOPIARA

No sertão quase sem médicos,
Frequentemente surgia
Bandos de homens armados,
Brutos, sem diplomacia,
Ancorados na pressão,
Na fuga e na rebeldia.

Eram os cangaceiros. E eles,
Bem mais que fama e poder,
Queriam ganhar a vida,
Ou melhor, sobreviver,
Num tempo e num lugar onde
Pobre não tinha querer.

Esses homens eram vistos,
Em diferentes setores
Daquela sociedade,
Como deuses dos horrores,
Mensageiros das discórdias
E mestres dos dissabores.

Homens bandoleiros, fortes,
De muito estranha aparência,
Avantajada coragem,
Dilatada resistência,
E grandes peritos em
Planos de sobrevivência.

E nessas idas e vindas
Muita coisa acontecia;
Um chegava de repente,
Num rompante outro partia,
Mas no grupo grande tinha
Sempre algum que adoecia.

E era importante que todos
Tivessem desenvoltura
Na saúde e na doença,
Porque com pouca estrutura
Era preciso encontrar
Alternativa de cura.

Diante de doenças de
Variadas dimensões,
Experimentavam chás,
Emplastros e abluções,
Passando por simpatias,
Rezas e superstições.

Por exemplo: Jararaca,
Plantador de malquerenças,
Na hora da precisão
Esquecia as diferenças
E receitava remédios
Para diversas doenças.

A cangaceira Dadá,
Articulada e direita,
Mulher espirituosa
Que estava sempre à espreita,
Para curas importantes
Tinha sempre uma receita.

E Lampião! Esse era
Tido como curandeiro,
Rezador, cirurgião,
Terapeuta, conselheiro,
Massagista, pediatra,
Ortopedista e parteiro.

Isso mesmo, o cangaceiro,
Que saqueava e matava,
Dependendo do momento
Era brando e receitava
Rezas, bochechos, meizinhas
E tudo o mais que curava.

Entre defesas e ataques,
Era preciso encontrar
Recursos que permitissem
A qualquer um escapar.
Então foram logo atrás
Da memória popular.

Dadá levava no seu
Embornal umas porções
De plantas medicinais
Para fortes infusões,
Capazes de aliviar
Dores e perturbações.

Cachaça boa de vez
Em quando era receitada.
Para limpar as feridas
Tinham água oxigenada.
Para picadas de insetos
Tinham potente pomada.

Água morna com sal era
Usada em qualquer ferida.
Para os perigos do tétano,
Doença bem conhecida,
Eles se viravam com
Antibactericida.

Isso quando alguém podia
Extrapolar sua audácia,
Deixar o couto e andar
Atrás de alguma farmácia
Onde comprasse um remédio
De relevante eficácia.

Algumas vezes bebiam
Algum chá extravagante,
De corrompido sabor
E aspecto repugnante.
Mas eles acreditavam,
E é isso o que era importante.

Usavam chá de cidreira
Para curar enterite,
Sendo que chá de tomilho
Melhorava o apetite.
Chá de formiga servia
Para curar faringite.

Curava-se cefaleia
Com gengibre e algodão.
Para piolho indicavam
Enxofre, coco e limão,
Depois do cabelo muito
Bem lavado com sabão.

Com chá de pena de garça
Curavam epilepsia,
Enquanto banho de sândalo
Com alcaçuz combatia
Uma doencinha chata
De nome difteria.

Moreira de Acopiara

Chá de hortelã refrescava,
E ele era bastante usado
Para aliviar a tosse
Ou curar um resfriado.
Para insônia, chá de endro
Dava conta do recado.

O chá de boldo curava
Problemas estomacais.
Já o chá de picão preto
Era um dos principais
Para curar reumatismo,
Febre e cólicas menstruais.

Para os problemas do fígado
Tomavam chá de macela.
Quem queria emagrecer
Alimentava a cautela,
Mas fazia esforços para
Beber um chá de canela.

Vimos que a farmacopeia
Ali era muito rica.
Curavam hemorragias
Com um suco à base de arnica,
Sendo que essa mesma técnica
Não sei se ainda se indica.

Limão com mel e gengibre
Deixava o cabra mais novo.
Para luxações e entorses
Usavam clara de ovo
Com breu, um santo remédio
Na crença daquele povo.

Quando por acaso um membro
Do grupo tinha um problema
De asma, rapidamente
Preparavam grande esquema
E alguém providenciava
Chá de gordura de ema.

Problema de verminose,
Comum entre a cabroeira,
O recomendado era
Ingerir manipueira.
Para gripes e uretrites,
Chá de casca de aroeira.

Quando por acaso um cabra
Não queria dar vexame
Nos braços da companheira,
Nem precisava de exame.
Bastava estar em jejum
E beber chá de velame.

Lembrando que os cangaceiros
Eram supersticiosos,
Que orações e amuletos
Os deixavam poderosos,
Protegidos contra as armas
E os animais perigosos.

Mas, quando nenhum remédio
Conseguia resolver
Esses corriqueiros males,
O jeito era recorrer
Aos feiticeiros, pois esses
Garantiam ter poder.

Moreira de Acopiara

Os homens são preparados
Para a improvisação.
E as muitas limitações
Serviram e servirão
Para que até hoje a gente
Pratique a reinvenção.

Tudo é mutável na vida,
Conforme já constatamos.
Acho que todos nós por
Alguns vexames passamos,
Mas só chegamos aqui
Porque nos adaptamos.

RELIGIÃO NO CANGAÇO

No cangaço havia homens
Que eram muito perigosos,
Mas é sabido que todos
Eram também cuidadosos,
Ligeiros estrategistas,
Mas muitos supersticiosos.

Na maioria das vezes,
Sem ter pouso e sem ter paz,
Cortando estradas desertas,
Num constante leva e traz,
Por pura necessidade
Andavam com um pé atrás.

Ou seja, se organizavam
No ataque e na defesa,
Crendo na força dos santos,
Nos sinais da natureza,
E tudo aliado a muita
Desconfiança e destreza.

Claro que de vez em quando
Um menos experiente
Precipitava-se e não
Agia adequadamente,
Julgava-se inatingível
Ou autossuficiente.

Esses não iam tão longe,
Ou tinham destino incerto.
Mas Virgulino Ferreira
Dizia sempre: "Eu alerto
Que não é bom caminhar
Por aí de corpo aberto".

Por isso mesmo ele próprio
Tinha especial cuidado
Pra se manter vigilante
E estar com o corpo fechado.
Agia como um profano,
Mas cultuava o sagrado.

E ele sempre esclarecia:
"Cismem do jeito que cismo,
E saibam que logo adiante
Existe um profundo abismo.
Mas vamos ler a cartilha
Do nosso catolicismo.".

"Cristianismo popular"
Era a denominação
Dessa mistura de crença,
Crendice e religião,
Algo cultuado pelo
Povo simples do sertão.

Povo bom que atravessava
Léguas e léguas a pé,
Sem esmorecer, mantendo
No peito elevada fé,
E se alegrava no dia
Do bondoso São José.

Acreditavam também
Em Santo Antônio, São João,
São Pedro, Santa Luzia,
São Cosme, São Damião
E outros santos até hoje
Populares no sertão.

Outra coisa que deixava
As pessoas mais serenas,
Tanto nas cidadezinhas
Quanto nas vilas pequenas,
Ou mesmo nos sítios, eram
As tradicionais novenas.

Por exemplo, o mês de maio
Era de muita alegria,
Porque nos interiores
O povo se reunia
A fim de comemorar
O santo mês de Maria.

A Semana Santa era
Outra data especial,
E o jejum às sextas-feiras
Ia até o Carnaval.
E era comum muita reza
No período do Natal.

Outras datas importantes
Os nordestinos guardavam
Com devoção e respeito,
Pois eles acreditavam
Que com reza e penitência
Muitas coisas melhoravam.

E eles faziam novenas
Para louvar São Miguel,
São Bento, São Sebastião,
São Jorge, São Rafael,
Santa Rita, Santa Marta,
São Paulo e São Gabriel.

Então muitos cangaceiros,
Acho até que a maioria,
Cresceram nesse cenário,
Ou seja, na companhia
Desses santos e escutando
O padre da freguesia.

Eu disse padre, mas é
Certo que, no interior,
Havia mais líderes, como
Um missionário, um pastor,
Um pai de santo ou até
Mesmo algum enganador.

Essa mistura inconteste
Gerou na sociedade
Com certeza muitas dúvidas,
Mais pela complexidade,
Mas foi fundamental por
Causa da diversidade.

E muitos dos cangaceiros
Crescidos naqueles meios
Adquiriram reservas
De medos e de receios,
O que às vezes provocava
Preconceitos e bloqueios.

No grupo de Lampião,
Houve um jovem cangaceiro
Ligeiro e inteligente,
Tido como feiticeiro.
Mas na verdade ele não
Passava de um trapaceiro.

O seu nome era Calais,
E aliou-se aos cangaceiros
Quando os viu em Chorrochó
Atravessando uns terreiros
Na direção de uma igreja,
Parecendo bons romeiros.

Isso mesmo! Lampião,
Que sofreu tanta injustiça,
Tanta ameaça, não era
Criatura muito omissa.
Qualquer oportunidade
Que ele tinha ia à missa.

Foi num ambiente assim
Que Lampião se criou.
Frequentava a igrejinha
Da vila, se batizou,
Mais tarde fez a primeira
Comunhão e se crismou.

MOREIRA DE ACOPIARA

Claro que ali aprendeu
Orações, rezas e preces;
Esteve em muitas novenas,
Andou por muitas quermesses
E ouviu cantos que aliviam
Raivas, rancores e estresses.

Nada, porém, abrandou
O coração do bandido,
Que já nasceu com o instinto
Muito mau, ou pervertido,
Pra viver amargurado,
Atrás de um sonho perdido.

E foi nessas condições
Que o cangaço o recebeu.
Em vinte anos de luta,
Lampião ganhou, perdeu,
Sofreu percalços incríveis,
Até que um dia pendeu.

Mas, para suportar tanta
Pressão e tanta cobrança,
Ou para não ficar louco
E manter viva a esperança,
Valeu-se das muitas rezas
Que aprendeu quando criança.

E não só essas, mas muitas
Das orações populares
Pelo sertão espalhadas,
Nas cabeças e nos lares,
Nas estradas, nas calçadas
E nos profanos altares.

Lampião na trilha do cangaço

Já no bando, Virgulino,
Que se tornou Lampião,
Aos poucos instituiu
A prática da oração,
Ou da reza, o que abrandou
Aquela situação.

Antes de ser atacado
De surpresa, quando o dia
Às margens do São Francisco
Lentamente amanhecia,
Lampião tinha rezado
Saudando a Virgem Maria.

No seu embornal acharam
Muito ouro, provisões,
Além de dinheiro e uns
Papéis contendo orações,
Nomes de pessoas... E outras
Distintas informações.

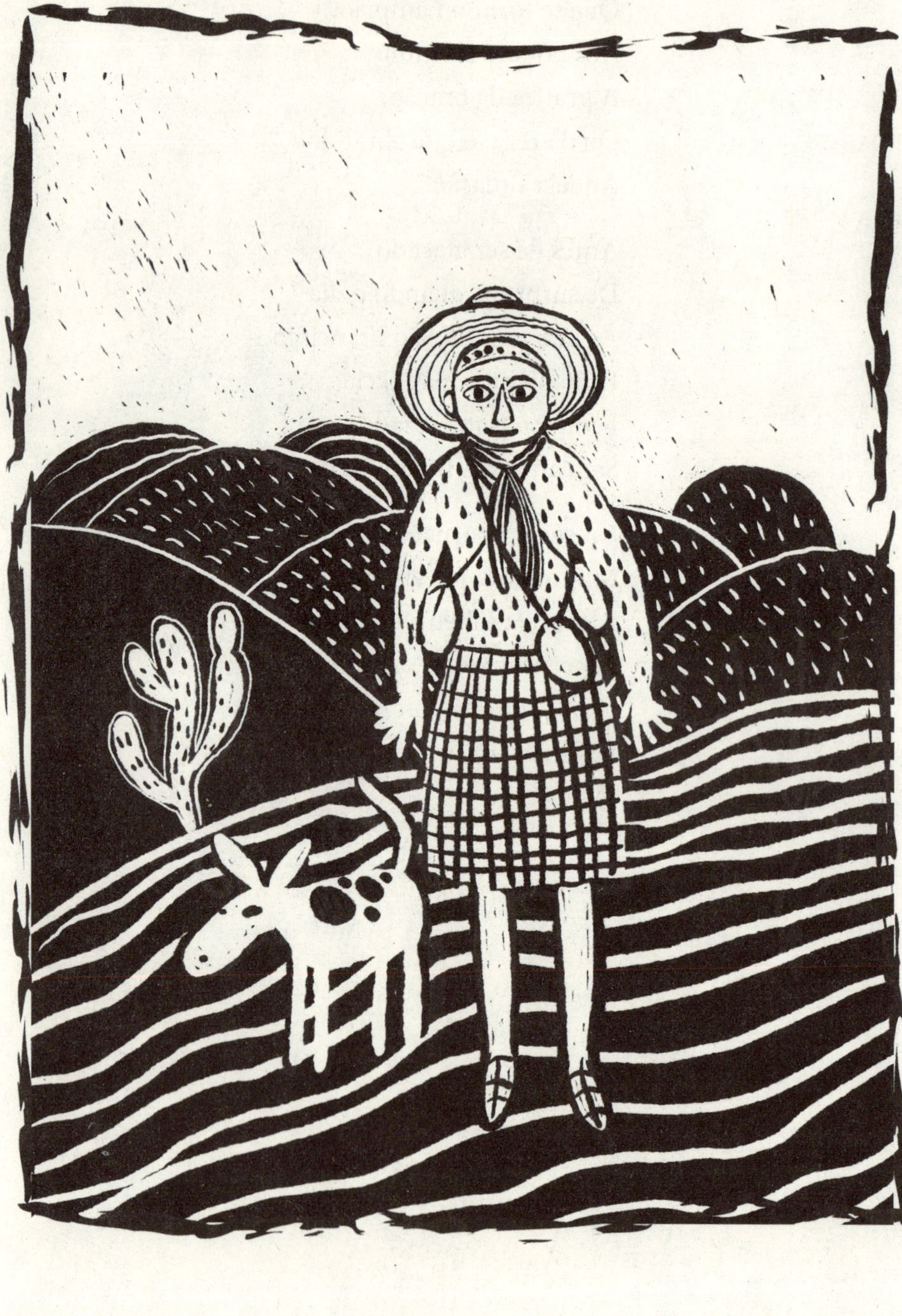

MULHERES NO CANGAÇO

Todos os cordéis que escrevo
Precisam ter graça e nexo.
Neste, sobre as cangaceiras,
O que me deixou perplexo
Foi saber que entre os casais,
Mesmo nos dias normais,
Era muito raro o sexo.

Isso por vários motivos:
Primeiro a dificuldade
De tirar a indumentária,
Falta de oportunidade,
A muita superstição,
O desconforto, a tensão
E a pouca privacidade.

Mas tudo bem, pois na vida
Mais importante é o amor.
Companheirismo é uma coisa
Que possui alto valor.
A verdadeira amizade
Gera paz, tranquilidade
E abranda qualquer temor.

Pois muito bem! As mulheres
Não tinham obrigação
De lavar a roupa suja
Ou preparar refeição.
O dever das cangaceiras
Era serem companheiras
Dos cabras de Lampião.

A primeira das mulheres
A entrar para o cangaço,
Disposta a enfrentar sol forte,
Perigo, fome e cansaço,
E tudo o mais, foi Maria
Bonita, que na Bahia
Sobre o rei jogou seu laço.

E o rei do cangaço, que
Ainda não tinha dona,
Sentiu a chama do amor
De repente vir à tona,
Causando revolução,
Porque todo coração
Algum dia se apaixona.

Coração de cangaceiro
Também consegue ser brando.
Depois que Lampião trouxe
Maria para o seu bando,
Surgiram novas propostas,
E outras mulheres dispostas
Aos poucos foram chegando.

Muitas delas aderiram
Por pura e simples vontade.
Outras, querendo fugir
Da dura realidade.
Muitas entraram forçadas,
Mesmo depois de estupradas
Sem nenhuma piedade.

Depois de Maria, outra
Que quis correr esse risco
Foi Dadá, que acompanhou
O cangaceiro Corisco,
Que era ligeiro e astuto,
Cruel, violento e bruto,
Um sujeito muito arisco.

Mas nos braços de Dadá
Adquiria brandura,
Ela nos braços do amado
Se sentia mais segura,
O dia ficava ameno,
Muito mais leve o terreno,
E a noite, menos escura.

Moreira de Acopiara

Depois da chegada delas
Os cangaceiros passaram
A ser muito menos nômades
E se reorganizaram.
Houve mais calma e mais banhos,
Mais descanso e menos ganhos,
Mas as buscas não cessaram.

Então, se os homens cuidavam
De preparar o alimento,
Lavar as roupas e andar
Procurando mantimento,
O tempo lento passava,
E às mulheres só restava
Cuidar do acampamento

E agradar o companheiro,
Mas com muita discrição.
E elas sabiam que ali
Não podia haver traição,
Falta de companheirismo,
Algazarra, vandalismo,
Muito menos deserção.

Quando alguma enviuvava,
Não podia haver demora:
Arranjava um companheiro
Que era pra não ir embora
Nem levar informação
Dos cabras de Lampião,
Pois tudo era aqui e agora.

Houve caso em que mulheres
Traíram ou desertaram,
Mas os brutos cangaceiros
Foram atrás, procuraram,
E, depois de as encontrar,
Eles, sem titubear,
Rapidamente as mataram.

É que reinava um machismo
Desmedido no cangaço,
E aqueles homens faziam
O que eu não fiz e não faço
E um homem forte não faz.
Agora o tempo é de paz,
Respeito, igualdade e abraço.

Antes que você se afobe,
Vou bater as algibeiras,
Escarafunchar as malas,
Analisar as fronteiras,
Esquecer guerras e fomes
E revelar alguns nomes
Das mulheres cangaceiras.

Começo citando Lídia,
Dora, Lica e Inacinha,
Quitéria, Sila, Neném,
Áurea, Adélia e Estrelinha,
Hosana, Sérgia, Maroca,
Enedina, Benta, Noca,
Marina, Moça e Maninha.

Moreira de Acopiara

Não posso esquecer Verônica,
Laura, Leonilda, Lili,
Delmira, Dalva e Dussanto.
E, depois que muito li,
Descobri uma Pepita,
Dinda, Maria Bonita
E Abília de Juriti.

Acho importante você
Saber também de Rosinha,
Zulmira, Maria Dória,
Florência, Adília, Lacinha,
Jarrinha, Maria Ema,
Aristeia e Iracema,
Mazé, Bidia e Bitinha.

Havia várias Antônias
E algumas Sebastianas,
Maria disso e daquilo,
E ainda diversas Anas,
Além de Zefa e Zefinha,
Adelaide e Mariquinha,
E umas quatro ou cinco Joanas.

Preciso citar Hortência
E dizer que essas Marias
Ao lado dos cangaceiros
Passaram diversos dias
Ouvindo os mesmos dizeres,
Vivendo os mesmos prazeres,
Dividindo as agonias.

Sabina da Conceição,
Durvalina e Rosalina
Também conviveram com
Gertrudes e Josefina,
Julinha, Medeia, Dinha,
Mocinha, Dona e Doninha,
Otília, Boa e Cristina.

Ao todo, mais de sessenta
Mulheres foram trazidas
Para o grupo. Algumas delas
Ficaram mais conhecidas.
Não tiveram muitas glórias,
Mas suas longas histórias
Nunca serão esquecidas.

Pode ser que de alguns nomes
Eu não tenha me lembrado,
Ou nas pesquisas que fiz
Eu não os tenha encontrado.
Mas, para minha alegria,
Encontrei a maioria
E achei bom o resultado.

Fiz aqui só um resumo,
Pois o tempo é muito escasso,
Mas na robusta pesquisa
Preparei um passo a passo,
A fim de não me perder.
Foi muito bom discorrer
Sobre a mulher no cangaço.

Moreira de Acopiara

Deixo claro que não posso
Concordar com violência.
Mulher é pra ser tratada
Com carinho, com decência.
Com amor e com respeito.
Quem não pensar desse jeito
Não sabe o que é prudência.

UM TRIÂNGULO AMOROSO NO CANGAÇO

Poucas vezes no cangaço
Houve triângulo amoroso,
Pois, além do pouco espaço,
Era um serviço arriscoso.
E, embora tendo vontade,
Faltava privacidade,
Sobrava superstição…
E o mais cruel: quem traía
No cangaço recebia
A morte por punição.

Moreira de Acopiara

Por outro lado, o machismo
Estava muito presente,
Assim como o carrancismo
No meio daquela gente.
Qualquer mulher no cangaço
Para conquistar espaço
Tinha que se rebolar,
Além de ser submissa.
Não podia ter preguiça,
Trair e nem desertar.

Se acaso uma viuvava,
Como sempre acontecia,
Pois cangaceiro matava
Muito, mas também morria,
Ela tinha que ficar
No bando e já se ajeitar
Com quem lhe mostrasse a asa.
Mas, se ela não encontrasse
Outro cabra que a amparasse,
Não voltava para casa.

Grande exemplo foi Maria
Adelaide de Jesus,
Uma moça, uma alegria,
Uma beleza, uma luz.
Foi namorada de Lino
José de Souza, um ferino,
Que, ao entrar para o cangaço,
Se achou todo-poderoso
E desejou ser esposo
Da moça de fino traço.

Além de linda, Maria
Adelaide era faceira,
Discretamente vivia,
Mas muito namoradeira.
Lino, que virou Pancada,
Foi buscar a namorada,
Que relutou, mas cedeu
E acompanhou o bandido
Pelo sertão ressequido,
E o amor aconteceu.

Tinha apenas quinze anos
De idade quando fugiu
De casa com muitos planos
E sonhos. Então se uniu
Ao temível cangaceiro,
Que se mostrou lisonjeiro
E alegre, mas na verdade,
Logo no primeiro dia,
Ele transformou Maria
Em sua propriedade.

De modo que ela passou
A viver subjugada,
E o cangaço a batizou
Por Maria de Pancada.
Ele, um sujeito mesquinho,
Não lhe fazia um carinho,
Não dizia um elogio,
Ou um agrado sequer,
E o coração da mulher
Aos poucos ficou vazio.

Moreira de Acopiara

Mulher merece respeito,
Carinho, amor e atenção.
Quem não fizer desse jeito
Sofrerá decepção.
Com Pancada foi assim:
Fez-se um marido ruim,
Bruto, mau e violento.
Ela sofreu, apanhou,
Mas um dia se cansou
De tanto aborrecimento.

É sabido que não tinha
Os carinhos do marido.
E, pra não ficar sozinha,
Resolveu tomar partido.
Possuía juventude,
Beleza, graça, saúde
E atrativos de mulher.
E quis abrandar o fogo
Nesse perigoso jogo
Que mil cuidados requer.

O cangaceiro Balão
Certa vez acompanhou
Maria numa missão,
Porque Pancada mandou.
Era missão importante,
Nem tão perto nem distante,
Por estradinha acanhada.
Depois de andar meia hora,
Maria disse: "É agora
Que me vingo de Pancada".

Somente o casal naquele
Terreno muito deserto,
Ela foi pra perto dele,
Ele chegou mais pra perto
E ouviu Maria dizendo:
"Balão, eu estou sabendo
Que numa luta qualquer
Você bem se manifesta.
Quero ver se você presta
Nos braços de uma mulher".

Balão disse que não ia
Se arriscar daquele jeito,
Mas a fogosa Maria
Disse: "Venha, que me ajeito".
E ele, diante da beleza
Da moça, sentiu fraqueza,
E até alguns tremeliques,
E, pra não fazer tão feio,
Amou Maria no meio
De pedras e xique-xiques.

No mesmo dia se amaram
De novo, talvez com medo,
Mas não se precipitaram
E mantiveram o segredo.
Você veja que Maria
Se arriscou muito! Sabia
Que, se alguém desconfiasse,
Ou se Pancada soubesse,
Faria o que bem quisesse,
Talvez até a matasse.

Moreira de Acopiara

Mas não matou. E, depois
Da morte de Lampião,
Pancada entregou-se, pois
Cansou de perseguição.
Maria não se afastou
Do companheiro e passou
A não achá-lo ruim.
E eu muito me admirei,
Mas confesso que não sei
Como os dois tiveram fim.

PALMATÓRIA, CHICOTE E FERRO QUENTE

O movimento cangaço
Todos sabem que é cultura,
Que é largamente abordado
Na nossa literatura.
Agora chegou a vez
De mencionar esses três
Instrumentos de tortura.

Mas, enfim, quais são os três
Instrumentos dessa história
Tão presentes no cangaço,
De malfadada memória?
O primeiro é o ferro quente;
Depois vem a contundente
E temível palmatória.

E ainda tinha o chicote,
Que era um verdadeiro horror
Para o oprimido, mas
Glória de todo opressor
Que sempre achou divertido
Escarnecer do oprimido
Zombando da alheia dor.

O chicote vem de longe,
Já fez parte da cultura
De povos escravagistas,
De coronéis linha-dura.
Um dos mais eficientes,
Cortantes e deprimentes
Instrumentos de tortura.

Possui a grande vantagem
De ser usado a distância.
Isso por causa do cabo!
Mas veja quanta arrogância
Chamar isso de vantagem!
Foi infeliz a abordagem
De muito pouca importância.

Eu disse importância pouca,
Mas cometi um engano.
Usar um chicote para
Maltratar um ser humano
Não tem importância alguma.
Quem tortura desarruma,
E é certo provocar dano.

Como nasci no sertão,
Onde viveram os meus pais,
Cheguei a ver muitas vezes
Os habitantes locais
Dando compridos pinotes
E usando longos chicotes
Fustigando os animais.

Naquele tempo, eu achava
Aquilo muito normal.
Porém, depois que cresci,
Fui caindo na real,
Mudei a minha cultura
E hoje condeno a tortura
Até num pobre animal.

Pois acho que quem tortura
Ou pratica malvadeza
Não age a favor das coisas
Bonitas da natureza.
Eu aprendi com os meus pais
A cuidar dos animais
Na base da gentileza.

Muitos usavam chicote
Para castigar escravos,
Achando até que eram homens
Corretos, justos e bravos.
Mas eram covardes, fracos,
Cruéis, injustos, velhacos
Menores do que centavos.

Moreira de Acopiara

Já no cangaço, fenômeno
Do Nordeste brasileiro,
O chicote foi usado
Por um cruel cangaceiro
Que Lampião protegia,
Que era bruto, que atendia
Apenas por Nevoeiro.

Um homem que se gabava
De ser muito eficiente,
Mas era um torturador
Desqualificado, um ente
De gestos muito grosseiros.
Como muitos cangaceiros,
Se acabou precocemente.

Morreu sem poder deixar
Uma interessante história.
Seu legado é vergonhoso,
Foi nenhuma a sua glória.
Mas é hora de mudar
De direção e falar
Um pouco da palmatória.

Esse instrumento terrível
De tortura teve espaço
E marcou profundamente
Por muito tempo o cangaço.
O bandido Volta Seca,
Um de inteligência peca,
Foi quem traçou esse traço.

A história da palmatória
Não teve cenas bonitas.
Ela chegou ao Brasil
Pelas mãos dos jesuítas,
Que nas escolas usavam
Muitas vezes e deixavam
Muitas crianças aflitas.

Depois os escravagistas
Gostaram de utilizar
Com frequência a palmatória
Pra castigar e humilhar
Cidadãos escravizados,
Homens que eram obrigados
A sofrer sem reclamar.

Eram muitos os castigos
Que esses homens recebiam.
Num tronco, imobilizados,
Eles choravam, gemiam,
Sem nada poder fazer.
Nesse intenso padecer,
Muitos deles faleciam.

Outras vezes os carrascos
Lhes aplicavam palmadas
Com muita força, deixando
Os negros com mãos inchadas.
Depois de tantas batidas,
Ficavam comprometidas
Ou mesmo inutilizadas.

Moreira de Acopiara

Já o cangaceiro Volta
Seca, um desqualificado,
Passou a utilizá-la
Sem critério, sem cuidado,
Para punir delator,
Cangaceiro desertor
E ex-coiteiro malcriado.

No tempo dos meus avós,
Que escreveram linda história,
Era comum nas escolas,
Como tenho na memória,
A prática da arguição.
E às vezes, sem restrição,
O uso da palmatória.

Mas tudo coisinha leve,
E era assim que funcionava:
Num determinado dia,
O professor perguntava,
E uma pequena palmada
Levemente era aplicada
Se acaso o aluno errava.

No cangaço, Volta Seca,
Que não tinha inteligência,
Ou seja, era um adepto
Contumaz da violência,
Construiu tristonha história.
Mas usando a palmatória
Possuía competência.

Mas tudo na vida passa,
E o Volta Seca passou,
A palmatória caiu
E o cangaço fracassou,
Depois de muita imprudência.
É pena que a violência
No Brasil continuou.

Mas existe outro episódio
Lembrado constantemente
Por quem estuda o cangaço,
E que abalou muita gente,
Causando temor infindo.
Eu estou me referindo
Ao terrível ferro quente.

Esse cruel instrumento
Causou dor, tristeza e dano,
Angústia, medo, vergonha,
Perturbação, desengano,
Desconforto e pesadelo.
E ele foi usado pelo
Violento Zé Baiano.

Mas ele usou poucas vezes,
Acho até que uma somente.
Ao chegar numa bodega,
Ingeriu muita aguardente,
Falou muito, se exaltou,
E, quando se embebedou,
Ficou muito mais valente.

E, quando avistou num canto
Um ferro de ferrar gado
Com as letras J e B,
Ficou muito admirado.
Deu uma espécie de berro
E se apoderou do ferro,
Já velho e enferrujado.

Avistou umas mulheres,
Nenhuma delas modelo
De beleza, e uma tinha
Cortado há pouco o cabelo.
Zé Baiano não gostou
Do que viu e provocou
Ali grande pesadelo.

Ferrou o rosto sensível
Da pobre mulher, que aos gritos
Clamou por socorro, em vão,
Diante daqueles malditos
Cangaceiros violentos.
Foram breves os momentos,
Mas com jeito de infinitos.

Até onde a gente sabe,
Foi essa a única vez
Que o machista Zé Baiano,
Preconceituoso, fez
Essa tão grande bobagem.
É preciso ter coragem
Para tanta estupidez.

Mas Zé Baiano passou,
Do jeito que também passo,
Ou passarei, mas, nos versos
Que tranquilamente faço,
Com amor e paciência,
Garanto que a violência
Não encontrará espaço.

Vivo prestando atenção
No que o tempo leva e traz.
O que é ruim se destrói,
E o nosso tempo é de paz.
Quem pode é quem se sacode,
É muito feliz quem pode,
Quem precisa vai atrás.

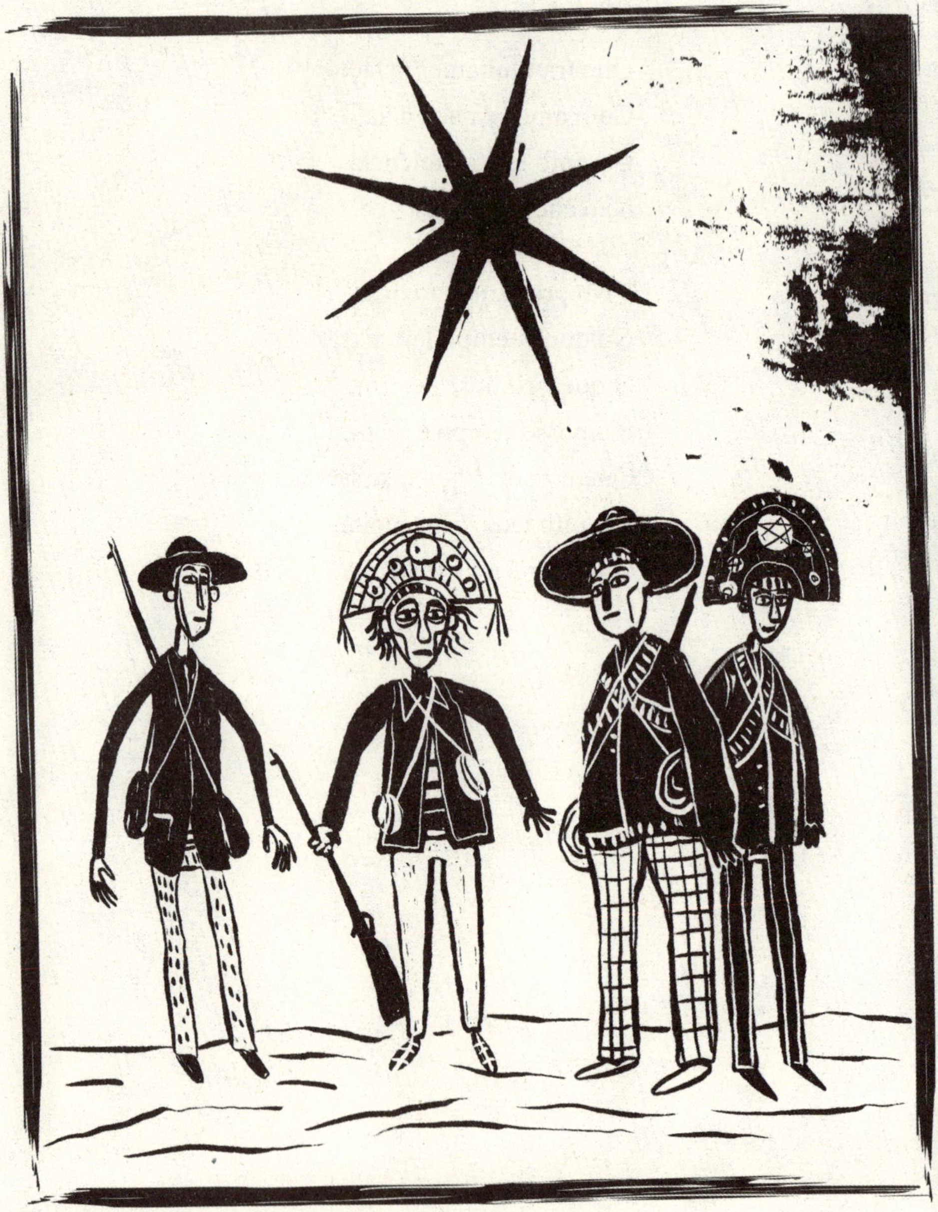

LAMPIÃO EM ÁGUA BRANCA

Quando Lampião não quis
Mais combater na trincheira
De seu melhor professor,
O jovem Sinhô Pereira,
Com o intuito de subir
Tratou logo de investir
Na sua própria carreira.

Nesse crucial momento,
Cuidou de formar um bando,
Primeiro com os seus parentes,
E outros que foram chegando.
Andou pra lá e pra cá,
E com pouco tempo já
Começou incomodando.

Moreira de Acopiara

Nesse terreno, uma das
Suas primeiras ações
Foi ir atrás de quem tinha
Confortáveis condições.
Desejoso de crescer,
Começou a percorrer
Conhecidas regiões.

No começo não foi fácil,
Pois é assim no começo
De tudo que a gente faz,
Seja em qualquer endereço.
Depois de ligeiro estudo,
Lampião notou que tudo
Na vida possui seu preço.

Percebeu também que os homens
Às vezes são infiéis,
Que por poder e dinheiro
Trocam as mãos pelos pés,
Ou seja, invertem valores,
Viram biltres traidores,
Vis opressores cruéis.

Em mil novecentos e
Vinte e dois, bem no início
Do apogeu do cangaço,
Atrás de algum benefício,
Lampião, com falas boas,
Investiu em Alagoas,
E não houve desperdício.

Não houve pra Lampião,
Homem de palavra franca,
Que disse: "Se está trancado,
O cangaceiro destranca".
E com certa ligeireza
Investiu na baronesa
Da pequenina Água Branca.

Como disse, uma cidade
Pequena, mas de uma gente
Muito rica e poderosa,
Articulada e decente.
Tinha a tal de baronesa
Considerável riqueza,
Mas era muito insolente.

É tanto que Lampião
Mandou pedir-lhe um tesouro,
Não tão grande. Vinte contos.
Mas ela, por desaforo,
Respondeu: "Tenho a fração,
Mas pra comprar munição
Que é pra furar o seu couro".

Lampião, ao receber
Aquele recado, fez
Que engoliu. Deixou passar
Catorze dias, um mês,
Cinco meses, quase um ano.
E disse: "Um pernambucano
Sabe esperar sua vez".

Moreira de Acopiara

Já falei da baronesa,
Mas não disse o nome dela.
E não mencionei porque
É necessário cautela.
Mas tenha mais paciência,
Que vou falar na sequência,
Pra você se fixar nela.

Pois Joana Vieira Sandes
Era como ela assinava.
Na acanhada Água Branca,
O lugar onde morava,
Era muito conhecida.
Muito rica e destemida,
O povão a respeitava.

Vivia num casarão,
Um suntuoso sobrado.
Tinha um filho que era padre,
Outro que era advogado,
E até um que era juiz.
Uma família feliz,
Um povo muito abastado.

Inclusive o padre tinha
Batizado Lampião,
Isso há mais de vinte anos,
E em feliz ocasião,
Quando o padre, um pioneiro,
Em vez de um cangaceiro,
Quis promover um cristão.

A gente às vezes prepara
Interessante roteiro
E ele não dá certo. O padre,
Naquele encontro primeiro,
Nem sequer imaginava
Que no Pernambuco estava
Batizando um cangaceiro.

Mas isso não vem ao caso,
Voltemos ao nosso tema,
Que é para que este cordel
Tenha a cara de um poema
Com ricas informações
E poucas contradições,
Porque é esse o meu sistema.

Certo é que, depois de um ano,
Ou talvez um pouco menos,
Depois que o bandido havia
Feito os primeiros acenos
E ali recebido um não,
Quis de novo Lampião
Pisar os mesmos terrenos.

E em Água Branca chegou
Muito sorrateiramente.
Numa fazenda afastada,
Se acoitou, atacou gente
E mandou, com brevidade,
Alguém até a cidade
Para sondar o ambiente.

Moreira de Acopiara

E disse a um rapaz: "Você
Se comporte muito bem,
Pois aqui sua família
Vai permanecer refém.
Vá e volte sem demora,
E, se botar bola fora,
Aqui não fica ninguém".

Disse mais o cangaceiro:
"Eu fico esperando aqui.
Compre duas redes, duas
Esteiras de pipiri,
Cigarros pra eu fumar...
E, se alguém lhe perguntar,
Responda 'não sei, não vi'".

O rapaz, apavorado,
Depressa pegou caminho,
Desconfiado, sem graça,
Muito inseguro e sozinho.
Foi breve, usou sensatez,
E o mais certo é que ele fez
Tudo muito direitinho.

Trouxe a tinta, trouxe as redes,
Os cigarros e as esteiras.
Declarou que precisou
Transpor algumas barreiras,
Olhou tudo, calculou,
E de lambuja comprou
Outras coisas corriqueiras.

LAMPIÃO NA TRILHA DO CANGAÇO

O cangaceiro alegrou-se
E agradeceu de pés juntos,
Reuniu os companheiros,
Abordaram bons assuntos,
Pegaram armas, botaram
Nas redes e as carregaram
Como se fossem defuntos.

Ele armou essa estratégia
Para enganar a polícia,
Porque pensava ligeiro
E tinha astúcia e perícia,
E paciência também,
Mas cismava quando alguém
Apresentava malícia.

E os homens em procissão
Caminharam sorrateiros,
Invadiram Água Branca,
Primeiro pelos aceiros.
Na delegacia, os tais
Prenderam os policiais
E soltaram os prisioneiros.

Depois Lampião saiu
Com certa velocidade,
Bem armado, e saqueou
Os mais ricos da cidade.
Andou o comércio inteiro,
Conseguiu muito dinheiro,
Vibrou de felicidade.

Não satisfeito, embarcou
Noutra importante fraqueza
E, solerte, dirigiu-se
À casa da baronesa.
Sabia que aquela dona,
Arrogante e falastrona,
Detinha muita riqueza.

E naquela casa enorme
Lampião botou os pés,
Revirou os aposentos,
As gavetas e os papéis,
Infernizou, agrediu
E dali ainda saiu
Com trinta contos de réis.

Levou também mais ou menos
Trinta cabras resistentes.
Mas eram cabras leiteiras,
E não jagunços valentes.
Além disso, ainda levou
Todo o ouro que encontrou,
Entre broches e correntes.

Em seguida, o cangaceiro,
Se sentindo autoridade,
Fez a baronesa andar
Com ele pela cidade
Simulando simpatia,
Aparentando alegria,
Fingindo amabilidade.

Pois muito bem! Nestes versos
Eu não fiquei na retranca.
Dei o melhor que podia,
Usei de palavra franca,
Informei com precisão
E falei de Lampião
Na cidade de Água Branca.

E o que ele fez com o dinheiro
Roubado pouco sabemos.
As joias foram usadas,
Nas imagens ainda vemos.
E foi a partir de então
Que nasceu o Lampião
Que todos nós conhecemos.

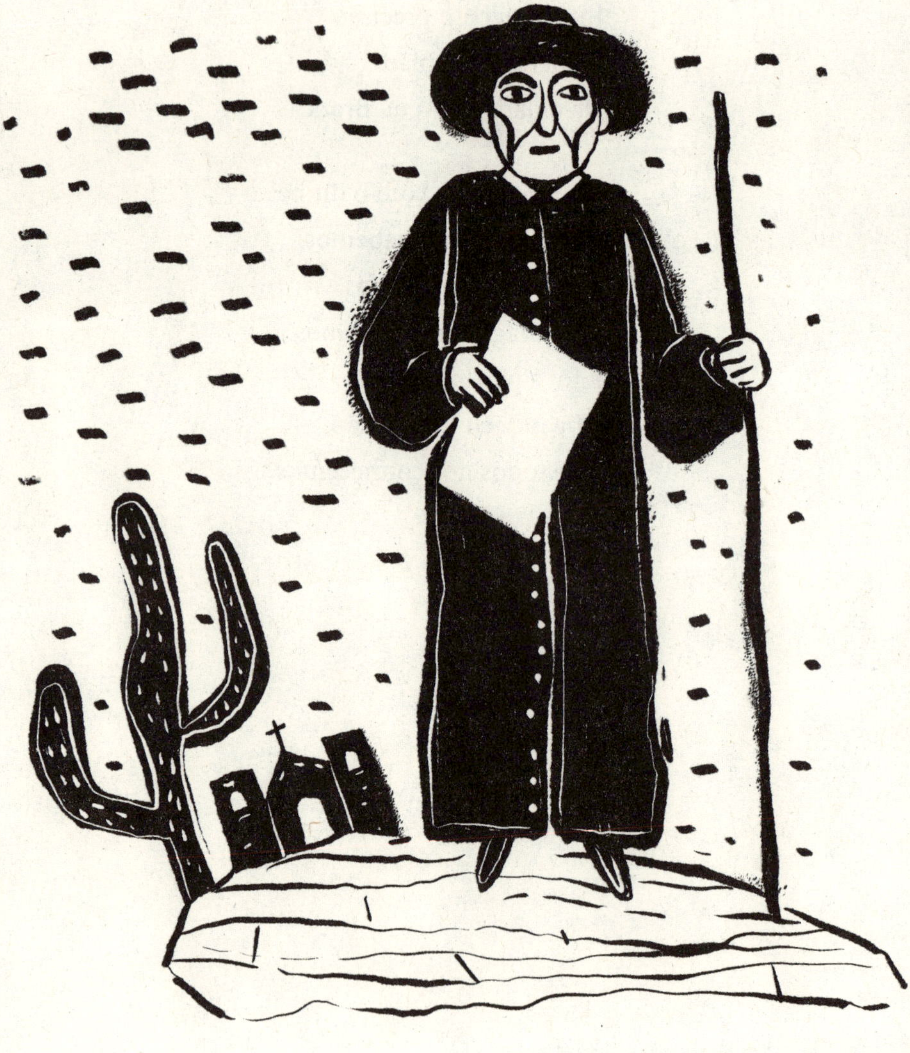

LAMPIÃO EM JUAZEIRO DO NORTE

Dizem que o famigerado
Cangaceiro Lampião,
Mesmo cruel e errante,
Nutria admiração
E o mais profundo respeito
Por Padre Cícero Romão.

O cangaceiro e o Padre
Ocupavam o mesmo espaço,
Que era o sertão nordestino...
O Padre preso no laço
Da Santa Igreja Católica,
Lampião preso ao cangaço.

Mas muita gente conhece
Um pertinente ditado
Muito antigo, mas que está
Ainda atualizado
E serve como lição:
"Cada qual no seu quadrado".

MOREIRA DE ACOPIARA

O Padre fazia a sua
Vidinha no Cariri,
Lampião entre as caatingas
Dizia: "Não mexo aí.
Viva muito bem, mas eu
Não quero que bula aqui".

O Padre, muito sensato,
Pra não se comprometer,
Dizia: "Não mexa aqui,
Que eu aí não vou mexer.
Agindo com sensatez,
Vamos bem nos entender".

O Padre ordenou-se com
Apenas vinte e seis anos,
Regressou ao Cariri
Com mirabolantes planos,
Desejando estar com os pobres,
Corretos seres humanos.

Durante setenta anos
Precisou andar ligeiro.
Trabalhou todos os dias
Querendo ser o primeiro,
Já morando num lugar
Com o nome de Juazeiro.

Era uma pequena Vila,
Cheia de tranquilidade.
Ali construiu capela,
Chamou a comunidade,
E em mil novecentos e
Onze ela virou cidade.

E o Padre então trabalhou
Dobrado e com muito jeito,
Conquistando a simpatia
Do povo, impondo respeito,
E naturalmente foi
O seu primeiro prefeito.

Ao todo ficou dezoito
Bons anos na prefeitura.
Incentivou o trabalho
Artesanal, a cultura,
O abandono dos vícios,
A reza e a agricultura.

Depois de se revelar
Um grande articulador,
Assumiu também o cargo
De vice-governador
Do estado do Ceará,
Tão importante setor.

Nesse tempo, Artur Bernardes
Era o nosso presidente,
Que se empolgou, fez bobagens,
Findou sendo inconsequente,
Despertando sentimento
De revolta em muita gente.

E houve grande movimento
Em diferentes setores.
Grandes latifundiários,
Pequenos agricultores
E o funcionalismo público,
Incluindo os professores.

Moreira de Acopiara

Então Luiz Carlos Prestes
Resolveu se organizar
Com colegas para forte
Movimento militar,
E no rumo do Nordeste
Marchou sem titubear.

Essa marcha tinha o nome
Peculiar de Coluna
Prestes, e seus muitos homens
Não almejavam fortuna:
Só buscavam o fim daquela
Fase tão inoportuna.

Quando o Padre descobriu
Que a Coluna passaria
Por Juazeiro, sentiu
Um arrocho, uma agonia,
Chamou seus pares e disse
Que jamais aceitaria.

Tremeu de medo e, diante
Da grave situação,
Com Floro Bartolomeu,
Depois de reunião,
Deliberou que iriam
Se valer de Lampião.

Floro Bartolomeu era
Do Padre um grande aliado,
Seu médico e mão direita,
Além disso, deputado.
Era quem mandava, sendo
Pelo Padre abençoado.

E foi o encarregado
De preparar petição,
Ofício, carta... qualquer
Firme notificação
E fazer com que chegasse
Ao bando de Lampião.

Dizia a mensagem: "Venha,
Lampião, a Juazeiro,
Combater uns revoltosos
Em troca de um bom dinheiro.
Você é bandido, mas
Quero que seja parceiro".

Lampião analisou
A assinatura, a promessa,
Tudo o mais e concluiu:
"A proposta me interessa".
Chamou uns cabras e disse:
"Vamos, porque tenho pressa".

A família do bandido
Morava na região
De Juazeiro do Norte,
Recebendo proteção,
As bênçãos e os incentivos
Do Padre Cícero Romão.

Isso até facilitou
A decisão do bandido,
Que em Juazeiro chegou
Disposto e desinibido.
E, como era esperado,
Foi muito bem recebido.

Moreira de Acopiara

E em mil novecentos e
Vinte e seis, em pleno dia
Quatro de março, a cidade
Ficou toda de vigia
Pra receber o bandido
Com certa diplomacia.

E ele entrou em Juazeiro
Se sentindo muito bem,
Com quase cinquenta homens,
Como ao prudente convém,
Parecendo Jesus Cristo
Entrando em Jerusalém.

Mas essa comparação
Pór favor não leve a sério.
Foi somente uma metáfora,
Ou talvez um despautério.
Em tudo é preciso ter
Serenidade e critério.

Mas o certo é que o bandido
Se sentiu muito à vontade.
Caminhou por muitas ruas,
Quis conhecer a cidade,
Conversou muito, criou
Um clima bom de amizade.

Hospedou-se no sobrado
De João Mendes de Oliveira,
Um poeta conhecido
Em toda aquela trincheira,
Querido no Cariri,
Lindo lugar sem porteira.

Deu esmolas, demonstrou
Que estava muito otimista.
A um jornalista local
Concedeu longa entrevista,
Desfilou tranquilamente,
Mais parecendo um artista.

E ele se refestelou,
Pois viu encerrada a feira
E a alegria daquela
População prazenteira,
Quase quatro mil pessoas
Cantando "Mulher rendeira".

Em seguida, recebeu
A visita dos parentes,
Deixou-se fotografar,
Distribuiu uns presentes,
Depois foi ter com o vigário,
Discutir os finalmentes.

Primeiramente escutou
Do Padre, naquele espaço,
Sermão comprido e certeiro:
"Quero que deixe o cangaço,
Pois esse modo de vida
Está fadado ao fracasso".

Depois disse o Padre: "Quero
Pedir que você se una
Ao nosso povo e combata
Severamente a Coluna
Prestes, que está nos rondando
Nesta hora inoportuna".

Quanto à proposta segunda
O cangaceiro, que não
Era bobo, disse sim,
Mas queria munição,
Fardamento, armas e uma
Patente de capitão.

Disse, ainda, que queria
Boa quantia em dinheiro.
Que com isso nos alforjes
Ele e cada cangaceiro
Fariam com que a Coluna
Procurasse outro roteiro.

O certo é que Lampião
Recebeu o que pediu,
Bebeu cachaça, vibrou,
Se exibiu, se garantiu,
Confabulou com os demais
E, sem delongas, partiu.

Com menos de dez quilômetros
De tranquila caminhada,
Ficou sabendo que aquela
Patente a ele outorgada
Não era reconhecida,
Que não prestava pra nada.

Ficou decepcionado,
Sentiu a alma ferida,
Mas pensou: "A minha estrada
É perigosa e comprida.
Tenho muito o que fazer,
Vou cuidar da minha vida".

Depois pensou: "Se o governo
Hoje está tão empenhado
Em destruir a Coluna
E muito tem me atacado,
E até sem trégua, eu acho
Que tem algo muito errado".

De novo se pôs no seu
Tão conhecido roteiro,
Já que tinha munição,
Boas armas e dinheiro.
E seguiu mais forte o seu
Destino de bandoleiro.

Não quis saber da Coluna,
Regressou para o sertão,
Acrescentou ao seu nome
Um maiúsculo "Capitão"
E nunca mais se encontrou
Com o Padre Cícero Romão.

Depois de curto período,
Muita coisa aconteceu.
O Padre chegou ao fim,
O cangaceiro morreu,
E o cangaço, felizmente,
Também desapareceu.

Mas os dois ainda estão
Vivos na mente do povo.
Na cultura popular
Serão sempre um tema novo.
Ou temas novos, e eu, quando
Penso nisso, me comovo.

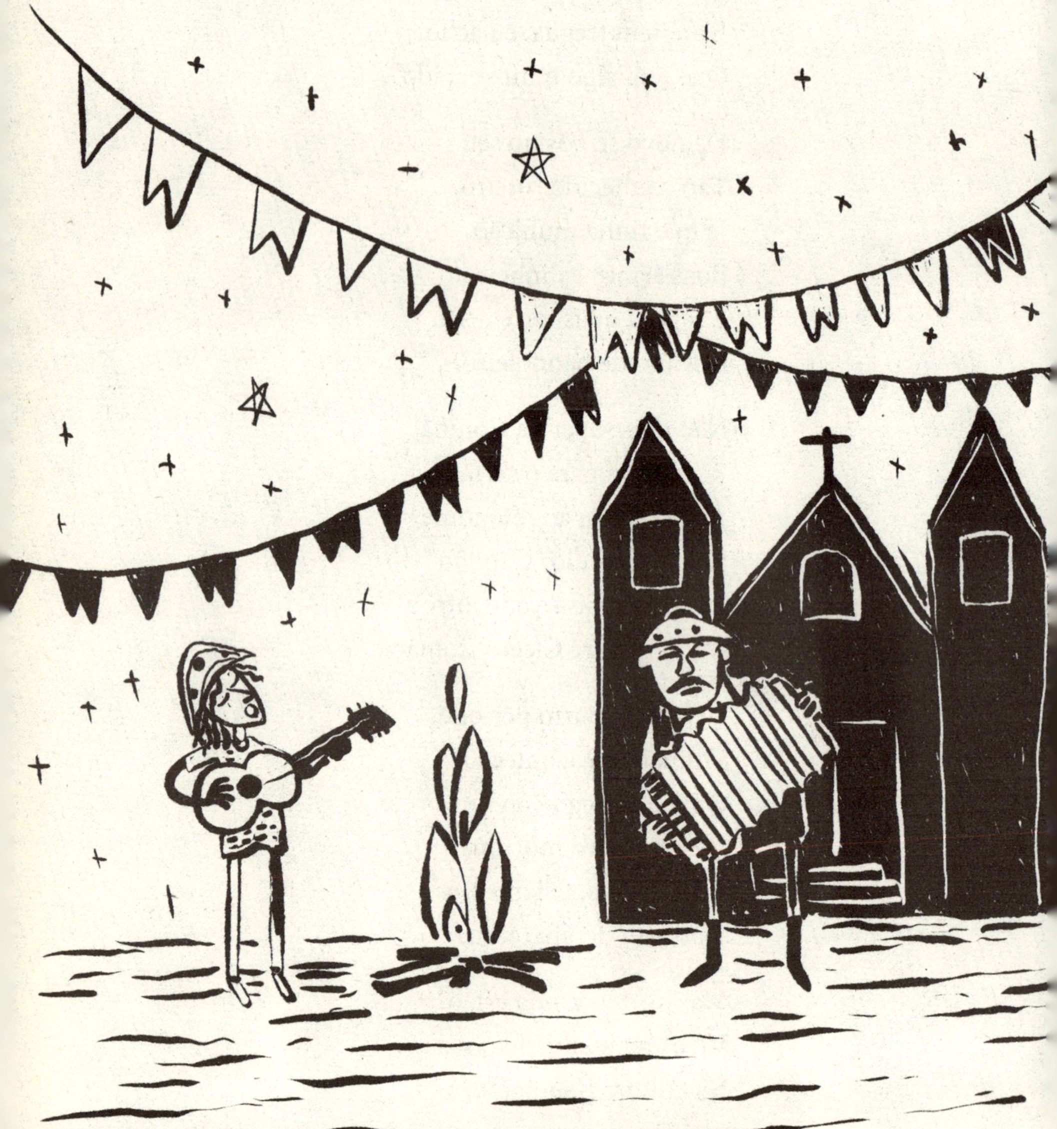

LAMPIÃO EM MOSSORÓ

Em mil novecentos e
Vinte e sete, aconteceu
Em Mossoró uma festa
De arromba, que surpreendeu
Aquela população.
É pena que Lampião
De repente apareceu.

Sobre esse famigerado
Cangaceiro extravagante,
Mas líder nato, eu comento
Um pouco mais adiante,
Porque o tempo é de falar
Dessa festa popular,
Feita por gente importante.

Moreira de Acopiara

Estou falando da festa
De Santo Antônio, que cai
No dia treze de junho,
Para onde sempre vai
O empregado, o patrão,
O primo, o filho, o irmão,
A avó, a mãe e o pai.

Pois bem. Já no dia doze
De junho, a sociedade
De Mossoró, tão bonita
E tão pacata cidade,
Toda estava reunida,
Alegre e descontraída,
Comemorando a amizade.

E no clube Humaytá,
Entre xotes e baiões,
O povo dançava na
Maior das animações,
Quando alguém chegou bradando:
"Lampião está rondando
Essas imediações".

Disse mais o portador,
Aflito e muito sem graça:
"O bando de Lampião
Constitui grande ameaça.
É tanto que concluí
Que, se ele vier aqui,
Será enorme a desgraça".

Lampião na trilha do cangaço

Em poucos instantes, todo
Aquele povo murchou,
O delegado tremeu,
O padre se alvoroçou,
As mulheres se inquietaram,
Os homens se organizaram,
E o prefeito se agitou.

Mossoró era uma das
Cidades mais importantes
Do Rio Grande do Norte,
Com vinte mil habitantes.
Semelhante movimento
Como o daquele momento
Ninguém tinha visto antes.

Assim que o povo ficou
Sabendo que já no dia
Seguinte, ou treze de junho,
O cangaceiro entraria
Em Mossoró com o seu bando,
O tempo já foi fechando,
Houve grande correria.

O prefeito, o coronel
Rodolfo Fernandes, que era
Homem bem articulado
E uma pessoa sincera,
Disse: "Quando ele quiser
Vir aqui, se ele puder,
Pode vir que a gente espera".

Moreira de Acopiara

Rodolfo Fernandes logo
Chamou a comunidade
E pediu que a maioria
Abandonasse a cidade,
Principalmente os medrosos,
As mulheres, os idosos
E os de muito pouca idade.

No dia treze, o prefeito,
No comecinho do dia,
Foi ao chefe da estação
Da recente ferrovia
E disse: "Foi linda a festa,
Mas hoje eu preciso desta
Cidade quase vazia".

Começou logo outro grande
Movimento na cidade,
Com o trem retirando gente
Em toda velocidade.
Enquanto isso, o prefeito
Armava cada sujeito
Que tinha capacidade.

Com pouco tempo, Rodolfo
Fernandes tinha na mão
Um bilhete mal escrito,
Mas com certeira instrução.
Dizia, entre outros pontos:
"Quero quatrocentos contos!
Assinado, Lampião".

Dizia mais o bilhete:
"Fique sabendo que trago
Comigo cinquenta homens
E todo mundo é bem pago.
Mande, não sou de esperar!
Senão nós vamos entrar,
E vai haver grande estrago".

Com muita calma, o prefeito
Leu o bilhete invulgar
E pelo mesmo emissário
Resolveu lhe respostar,
Dizendo: "A cidade tem
Esse dinheiro, mas quem
Quer receber vem buscar".

O prefeito estava muito
Seguro, pois tinha tido
Reforço de armas pesadas,
Por ser muito prevenido,
Como aqui já se provou.
Essa informação deixou
Lampião aborrecido.

Então resolveu agir.
Botou fogo num vagão
De um trem cargueiro que estava
Carregado de algodão,
E, atrás de mais extravios,
Matou bichos, cortou fios
E depredou a estação.

Depois, bufando de raiva,
Chamou os seus comandados
E ordenou que todos eles
Andassem mais apressados.
E disse: "Vamos fazer
O prefeito conhecer
Que ele cometeu pecados".

Acontece que o prefeito
Já tinha mandado mais
De cento e cinquenta homens
Para pontos cruciais,
Todos muito bem armados,
Fortes e determinados,
Bem treinados e leais.

Eles se posicionaram
No teto da prefeitura,
No pátio da igreja nova,
Na torre e na cobertura.
E, enquanto se organizavam,
Parece até que bradavam:
"Não bote a mão, que se fura".

E, às quatro horas da tarde
Do treze de junho, dia
De Santo Antônio, e enquanto
Fina garoa caía,
Brisa suave soprava,
Lampião se aproximava,
E o poente escurecia.

LAMPIÃO NA TRILHA DO CANGAÇO

Na companhia do chefe
Havia cinquenta e três
Destemidos cangaceiros,
Retratos da estupidez,
Do pavor e da tensão.
Acontece que eles não
Deram sorte dessa vez.

Pois foi com balas que todos
Foram recepcionados.
Eram tantos tiros fortes,
Vindos de todos os lados,
E muitos até certeiros,
Que todos os cangaceiros
Ficaram atordoados.

A noite mossoroense
Caiu severa, no meio
De gritos, de corre-corre
E de intenso tiroteio.
Mais de um bandido tombou,
E aquilo tudo deixou
O cenário muito feio.

O cangaceiro Colchete
Teve a cabeça partida
Por uma bala certeira,
O que tirou sua vida.
Depois de falha e mais falha,
Todos viram que a batalha
Estava quase perdida.

Moreira de Acopiara

Então Lampião notou
O fim do já curto prazo
No Rio Grande do Norte
E percebeu, por acaso,
Sua missão muito fraca
Quando avistou Jararaca
Nas mãos de um soldado raso.

Esse jovem cangaceiro,
Sem muito trato, impulsivo,
Se afoitou e não chegou
A nenhum objetivo,
Pois foi logo baleado,
Brutalmente torturado
E enterrado quase vivo.

Querendo evitar mais perdas,
Tendo estrutura abalada,
Depois de mais de uma hora
De luta desenfreada,
Depois de ver o pior,
Lampião achou melhor
Ordenar a retirada.

Por causa desse fracasso
Em Mossoró ocorrido,
O movimento cangaço
Andou perdendo o sentido.
Para a polícia de então,
Até mesmo Lampião
Deixou de ser tão temido.

E, para aumentar as suas
Muitas preocupações,
Depois dessa, tida como
A mais dura das lições,
Lampião perdeu poder,
Pois passou a conviver
Com frequentes deserções.

Depois ele ainda andou
Perdendo vários espaços,
Enfrentando mais perigos,
Vivendo grandes cansaços,
Perdendo alguns companheiros,
Dormindo em outros terreiros,
Conhecendo mais fracassos.

Não conseguiu consertar
Seus desacertados planos.
Quanto aos inimigos, estes
Padeceram desenganos
E mais desenganos, pois
Só o viram morto depois
De passados onze anos.

O povo de Mossoró
Não conseguiu esquecer
Tão interessante feito
E sente orgulho de ter
Se organizado, lutado
E finalmente botado
O bandido pra correr.

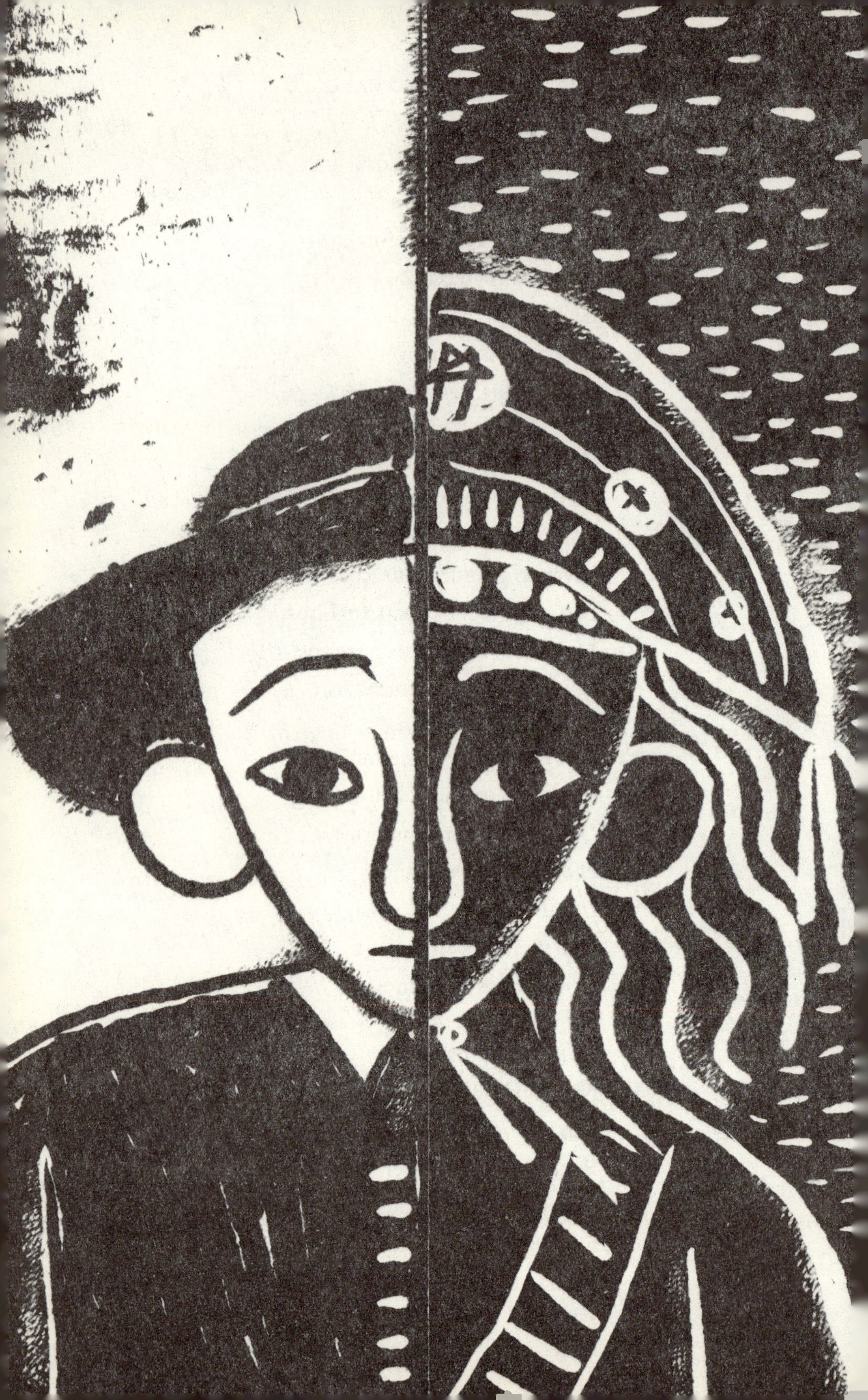

LAMPIÃO E PADRE CÍCERO NUM DEBATE INTELIGENTE

Sobre esses dois elementos
Já versejou muita gente,
Mas também vou versejar,
Pois não sou incompetente.
Só que desejo fazê-lo
De maneira diferente.

Isento de fanatismo,
Eu li do começo ao fim
Dos dois a real história
Pra depois pensar assim:
Esses astutos tiveram
Um lado bom e um ruim.

Moreira de Acopiara

Por outro lado, sabemos
Que os temas Religião
E Cangaço são assuntos
Que em qualquer ocasião
Continuam povoando
A nossa imaginação.

Lampião e Padre Cícero
Foram dois homens valentes;
Cada qual o mais versátil,
Ambos muito inteligentes,
Atentos e exploradores
Das populações carentes.

Só que o bandido era pobre
E pouco pôde estudar,
Nasceu e cresceu no mato,
Viveu sempre a trabalhar
Até chegar o momento
De ter que se rebelar.

Foi educado no meio
De ignorantes matutos,
Onde havia pouca calma
Naqueles corações brutos.
E em planta que cresce assim
Não pode vingar bons frutos.

Tinha pais de pouca monta,
Adeptos do carrancismo,
E, além de crescer num meio
De muito pouco civismo,
Nesse tempo no Nordeste
Reinava o coronelismo.

LAMPIÃO NA TRILHA DO CANGAÇO

Já Cícero Romão Batista,
Um filho ilustre do Crato,
Nasceu confortavelmente,
Cresceu sem muito recato
E fez-se um adolescente
Bem educado e pacato.

Teve uma mãe cuidadosa
E um pai correto e regrado;
Estudou em bons colégios,
Até ser matriculado
Num curso superior,
De onde saiu preparado.

Extremamente egocêntrico,
Observador e esperto,
Conhecedor das fraquezas
Humanas, no tempo certo
Voltou ao sertão, igual
Voltou Jesus ao deserto.

Uns o chamavam de santo.
Outros, grande enganador,
Gerador de fanatismo,
Megamanipulador,
Protetor de cangaceiros,
Paranoico, sonhador.

Nesse tempo, no sertão,
Não havia nem estradas;
Predominava a miséria,
Pessoas despreparadas,
Analfabetas, por isso
Facilmente alienadas.

Moreira de Acopiara

Naquele terreno inóspito,
Eram comuns as intrigas,
Muita sede de poder,
Poucas famílias amigas,
Muita terra, pouca cerca,
Poucas chuvas, muitas brigas.

Para o clérigo ficou fácil
Encabrestar essa gente.
Porém, para Virgulino
A coisa foi diferente,
Porque com os mais poderosos
Foi que ele bateu de frente.

Padre Cícero conquistou
Rapidamente um espaço.
Lampião perdeu terreno
E optou pelo cangaço.
Mas para os subversivos
Com o tempo chega o fracasso.

E o fracasso começou
Na vida de Lampião
(Ou Virgulino Ferreira)
Depois de grande questão,
Num tempo em que a impunidade
Imperava no sertão.

Virgulino não sabia
Mentir nem ser puxa-saco.
Arrumou umas intrigas
Com um seu vizinho velhaco,
Mas dizem que a corda quebra
Sempre do lado mais fraco.

LAMPIÃO NA TRILHA DO CANGAÇO

E o lado mais fraco era
O lado de Virgulino
Ferreira da Silva, um jovem
Ainda quase menino;
A partir de então estava
Já traçado o seu destino.

E aquele jovem ferido
Quis fazer revolução
E começou sua luta
Com uma pistola na mão;
Logo em seguida adotou
O nome de Lampião.

No sertão, naquele tempo,
Reinava a lei do mais forte,
E pra Lampião sobrou
O cangaço como esporte,
Mas precocemente viu
As garras cruéis da morte.

O padre finou-se velho
E o bandido, assassinado.
O padre por seus fiéis
Até hoje é cultuado,
E o bandido por milhares
Também tem sido lembrado.

Mas no Nordeste até hoje
Corre solto um falatório
De que esses dois se encontraram
Certa vez no purgatório;
Eu não sei se isso é verdade
Ou se é discurso ilusório.

Moreira de Acopiara

Não sei se isso são fatos,
Se são boatos somente,
Mas quem contou garantiu
Que os dois naquele ambiente,
Purgando, estabeleceram
Um debate inteligente.

Disse Lampião: "Seu padre,
Eu estou desapontado!
O senhor não deveria
Ter sido ao céu enviado?"
– Não, meu filho, eu fui um crente,
Mas também tive pecado!

Já você foi sanguinário,
Foi um bandido moderno.
Não deveria ter ido
Direto para o inferno
Junto com seus aliados
Pra queimar no fogo eterno?

– Seu padre, o senhor já sabe
Que o cangaço foi meu dom.
No dialeto das armas,
Precisei conversar com
Quem desejava o meu fim,
Mas tive o meu lado bom!

Não tive pátria nem lar,
Fui eterno caminhante,
Exposto ao sol e à chuva,
Buscando um sonho distante,
Andando sem direção,
Que nem um judeu errante.

LAMPIÃO NA TRILHA DO CANGAÇO

Fui muito imediatista,
Nunca gostei de depois;
O senhor articulava...
Mas fique tranquilo, pois
Descobri que não há muita
Diferença entre nós dois.

Eu acho que está bem claro
Que somos iguais. Portanto,
O senhor não foi só riso
Nem eu fui somente pranto.
Eu não fui tão pecador,
E o senhor não foi tão santo.

Fui um bandido, seu padre,
Não nego, mas tive fé.
E sou sangue do seu sangue,
Cabo da sua quicé,
Texto pra sua panela
E sapato pra seu pé.

– Tá certo, mas você sabe
Que vivi sempre a pregar;
Ensinei que o sertanejo
Precisava respeitar
Seu semelhante e a terra,
Sem se esquecer de rezar.

E sempre disse: "Não mate,
Não brigue e também não fira,
Acredite em Deus, não roube,
Nunca diga uma mentira
E plante, sempre que possa,
Sabiá e macambira.

Plante sempre nas encostas
Muitos pés de marmeleiro
E, pra combater a fome,
Mucunã e umbuzeiro,
Ata, manga, cajarana,
Castanhola e juazeiro.

Não bote fogo no mato,
Não cause poluição.
Quando brocar, aproveite
Madeira, lenha e carvão,
Só cace se precisar,
Não broque sem precisão.

E preguei também que o homem
Deveria estar esperto
Pra não devastar, senão
Muito brevemente é certo
Que o jovem Brasil será
O mais inóspito deserto.

Sempre combati os que
Tinham instinto assassino.
Sei que o homem mata os bichos
E as aves, desde menino,
Mas quem age desse modo
Acho que tem pouco tino.

Quanto a você, Virgulino,
Foi bandido no sertão.
Não tinha sido melhor
Abrandar o coração,
Pregar a fraternidade
E oferecer o perdão?

– Seu padre, o senhor fez umas
Colocações geniais!
Na terra, as pessoas não
Podem ser todas iguais.
Eu sei que fui cangaceiro,
Mas quem já foi não é mais.

Peguei em armas, não nego,
Mas eu não fui o primeiro.
Houve guerreiros famosos!
Os de Antônio Conselheiro
E os seus, meu prezado Cícero,
Defendendo Juazeiro.

Temos mais uma coisinha
Que ainda hoje me enfeza:
Por que foi que o senhor disse
"Escola aqui ninguém preza!"
E argumentou que seu povo
Só precisava de reza?

– Lampião, seus argumentos
São deveras perigosos;
Muito do que dizem são
Comentários mentirosos,
Maliciosos boatos,
Intriga dos invejosos.

Nunca quis que meus fiéis
Fossem homens delinquentes,
Mas homens bons e honestos,
Trabalhadores e crentes,
Respeitadores das leis,
Amigos e obedientes.

Moreira de Acopiara

Ademais, meu caro, eu tinha
Que defender o meu lado...
E o homem que é mais inculto
É bom pra ser manobrado.
Por isso é que eu não queria
Meu povo muito letrado.

E é verdade, cangaceiro,
Que você, quando brigava
Para fugir da polícia,
Umas orações rezava,
Fazia lá uns trabalhos
E seu corpo se ocultava?

– Que nada! O senhor bem sabe:
Esse povo é falador!
Eu sempre vivi fugindo
De quem não me tinha amor.
Nunca fui fácil, porque
Fui muito observador.

Fui ligeiro, mas não é
Que tinha o corpo fechado;
Dormia com um olho aberto,
Pisava o chão com cuidado,
Não confiava em amigo
E caminhava assustado.

"Seguro morreu de velho",
Diz um dito popular.
Sempre estudei o terreno
Onde eu iria pisar,
Pois em todo canto havia
Quem quisesse me matar.

Mas, espere aí, seu padre,
Por falar em bruxaria,
Dizem que o senhor fez mágica,
Como no caso Maria
De Araújo, uma beata
Que a muita gente iludia...

– Pra que escarafunchar
Esses passados assuntos?
Aqui nós somos iguais
E é bom que estejamos juntos.
Bobagem desenterrar
Esses antigos defuntos.

– Então, seu padre, o senhor,
Por favor, não me aborreça!
Não há quem cuspa pra cima
Que não caia na cabeça.
Olhemos os dois pra frente,
E os males que fiz, esqueça!

– É mesmo, pra que ficar
Falando em crime e pecado,
Se nós sabemos que o homem
Se irrita estando acuado?
E o que não tem mais remédio
Está bem remediado.

Lampião, mas você sabe
Que fui defensor da paz:
"Quem roubou se regenere,
Quem matou não mate mais"
São mensagens que preguei
E foram fundamentais.

Moreira de Acopiara

– Vigário, acho que nós
Não seremos condenados,
Pois, se Paulo e Madalena
Foram também perdoados,
Acho que haverá perdão
Aqui pros nossos pecados.

Se diz a bíblia sagrada
Que na divina mansão
Houve perdão pra os pecados
De Dimas, que foi ladrão,
É quase certo que aqui
Também nos perdoarão.

– Sejamos mais realistas,
Cangaceiro, por favor!
Se lá na terra você
Nunca foi um vencedor,
Aqui não conte com o ovo
Antes de a galinha pôr.

Agora, caro leitor,
Por favor, preste atenção
E não se iluda! Separe
O real da ficção.
Até porque quem morreu
Está debaixo do chão.

Por outro lado, eu não gosto
De ver ninguém enganado.
Isso eu inventei, porém
Não fique desapontado,
Pois poeta diz as coisas
No sentido figurado.

Se existem céu e inferno
Eu não sei, pois nunca vi.
Só sei que, após muito estudo,
E pesquisas, concluí
Que esse negócio de inferno
E céu, tudo é por aqui.

Seca, fome, violência,
A meu ver, isso é inferno.
O céu que conheço é
Um ano que é bom de inverno!
Paraíso é ver fartura,
Amizade, amor fraterno...

Mas eu gostei de falar
De padre Cícero Romão
E Virgulino Ferreira,
O popular Lampião,
Dois homens inesquecíveis
Que foram reis no sertão.

Tudo porque foram donos
De uma inteligência rara.
E, se os dois ressuscitassem,
Ressuscitariam para
Colaborar com o poeta
Moreira de Acopiara.

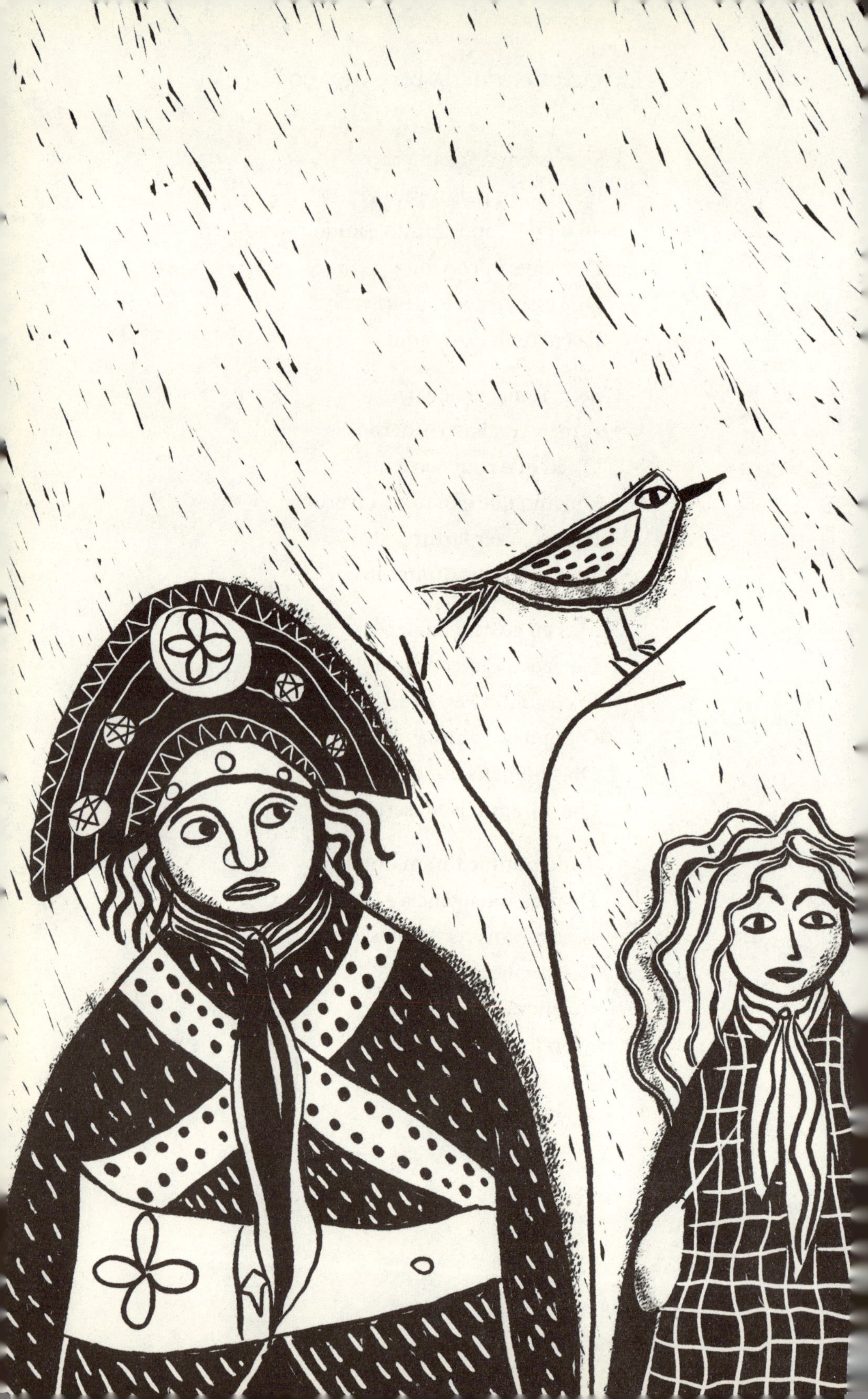

ENTRE LÍDIA E ZÉ BAIANO TINHA UM LINDO BEM-TE-VI

Lídia foi mulher valente,
Muito linda e muito amada.
Cedo entrou para o cangaço
Porque estava apaixonada
Por Zé Baiano, e depois
Foi por ele assassinada.

É como digo: essa história
De valentia e de amor
Entre um homem destemido
E uma mulher de valor
Teve um final que nos lembra
Algum filme de terror.

Moreira de Acopiara

Zé Baiano, cangaceiro,
Tinha corpo avantajado.
Muito preto, cara grande
E um andar desengonçado,
Mas tinha como vantagem
Ser muito honesto e honrado.

Era um homem de recursos.
E ele emprestava dinheiro
Para empresário, político,
Biscateiro e fazendeiro.
Tinha ouro e tinha fama
No Nordeste brasileiro.

Era um dos homens mais fortes
Do bando de Lampião,
O maior dos cangaceiros
Que passou pelo sertão.
Era violento, mas
Também tinha coração.

Fazia muitos negócios,
Não tolerava lorota.
Apostava na vitória,
Tinha medo da derrota,
E o sertão o conhecia
Por "Cangaceiro agiota".

Como disse, ele emprestava
Dinheiro a comerciantes,
Na maioria das vezes
Com juros exorbitantes.
Nunca deixava barato,
Seus lucros eram constantes.

Tudo estava transcorrendo
Tranquilamente, e um dia
O cangaceiro sofreu
Uma pequena avaria
Na região do pescoço,
Algo que muito doía.

Ele sentiu muita febre,
Porque infeccionou.
Mas no lugar Salgadinho
Com muito custo chegou,
E numa casa singela
De uns amigos se hospedou.

Zé Baiano tinha muitos
Coiteiros no Salgadinho,
Ao lado de Paulo Afonso,
Seu conhecido caminho.
Inclusive Chorrochó
Ficava ali bem pertinho.

Chorrochó é o lugar
Onde nasceu Zé Baiano,
Que, depois de padecer
Frustração e desengano,
Teve que cair no mundo
Desigual e desumano.

Com um caroço no pescoço,
Que se alastrava e doía,
Esbarrou no Salgadinho,
Um pedaço da Bahia,
Na casa de uns conhecidos,
Onde Lídia residia.

E ali foi bem recebido!
O perigoso caroço
Que tanto o incomodava
Na região do pescoço
Foi bem tratado por Lídia,
Que gostou daquele moço.

Isso mesmo! Zé Baiano
Tinha juventude ainda.
Lídia só tinha dezoito
Anos de idade, era linda,
E o coração de Zé disse,
Aos pulos: "Seja bem-vinda".

E Lídia tratou de Zé
Durante dezesseis dias,
O ferimento sarou,
Findaram as agonias,
E (repito) houve entre os dois
A maior da empatias.

Depois Zé Baiano quis
Dar-lhe justo pagamento,
Mas Lídia não aceitou,
Porque naquele momento
Ela por um grande amor
Tinha coração sedento.

E Zé declarou: "Repare
Nessas palavras que digo.
Nesse sertão de meu Deus
Vivo em constante perigo.
Mas é meu grande desejo
Que você venha comigo…"

Lampião na trilha do cangaço

Lídia ali viu uma chance
De conhecer o sertão,
A vida dos cangaceiros,
O famoso Lampião,
E fazer o que pedia
Seu carente coração.

Era o ano mil novecentos
E trinta e dois. Fim de ano.
Lídia falou com os seus pais,
Fez e refez cada plano
E se aprontou pra seguir
Os passos de Zé Baiano.

Foi recebida no grupo
Por todos com muito agrado,
Até porque Zé Baiano
Era um homem respeitado.
E o cangaceiro passou
A tratá-la com cuidado.

Dava-lhe toda a atenção,
Todo o amor, todo o carinho,
E ela aprendeu todas as
Curvas do novo caminho.
Zé se alegrou, pois deixou
De ser um homem sozinho.

É tanto que Lídia tinha
Tratamento especial:
A mais brilhante pistola,
O mais luzente punhal,
A mais confortável rede
E o mais bordado embornal.

E ela foi, naturalmente,
Conquistando o seu espaço.
Tinha o melhor animal,
Da carne o melhor pedaço,
E ainda era a mulher
Mais bonita do cangaço.

Mas um dia por ali
Coisa grave aconteceu.
Juntou-se ao grupo um Demórcio,
Que depressa recebeu
Alcunha de Bem-te-vi,
Por quem Lídia estremeceu.

Demórcio era um seu primo,
Homem bem apessoado,
E na adolescência os dois
Já tinham namoricado.
De repente reviveram
As emoções do passado.

Ele, um rapaz elegante,
Forte, cheio de vigor.
Ela, poço de beleza,
Anjo mais que encantador,
Tentou resistir, mas não
Controlou tanto fervor.

Cedeu àqueles encantos
E, na ausência do marido,
Entre pedras e garranchos,
Tendo desejo incontido,
Uma, duas... muitas vezes
Lídia arribou o vestido.

Zé Baiano certa vez
Foi receber um dinheiro
Num povoado vizinho,
Algo muito rotineiro.
Mais uma vez Lídia quis
Encontrar o companheiro.

Bem-te-vi foi por um lado,
Lídia pelo lado oposto.
Ela sedenta e alegre.
Ele feliz e disposto,
E entre as matas do sertão
O amor foi feito com gosto.

Ela gemia e fungava,
Ele roncava e gemia.
Era tão grande a entrega
Que o casal não percebia
Que o cangaceiro Coqueiro
Às ocultas tudo via.

Quando o casal terminou
Aquele coito apressado,
Mas intenso, Bem-te-vi
Afastou-se com cuidado.
Lídia tão logo vestiu-se
Saiu pelo outro lado.

Mas antes foi abordada
Por Coqueiro, um desumano,
Que disse: "Se não ficares
Também comigo, o meu plano,
Já que presenciei tudo,
É contar ao Zé Baiano".

Lídia respondeu: "Pois saiba
Que sou mulher muito forte.
Eu me entregar a você
Seria tremendo corte.
Não cedo porque não quero,
Prefiro antes a morte".

Depois de conversa breve,
Lídia, às pressas, retornou
E juntou-se ao grupo. Logo
O Zé Baiano chegou.
O cangaceiro Coqueiro
Aproximou-se e contou.

Zé Baiano perguntou:
"É verdade o que ele diz?"
Lídia disse: "Sim, marido,
Mas veja que esse infeliz
Quis que eu também me deitasse
Com ele, mas eu não quis".

Lampião, que tudo ouvia,
Viu que não era boato,
Por isso mesmo chamou
Um que atendia por Gato
E disse: "Mate Coqueiro
E jogue o corpo no mato".

Nisso o cabra Bem-te-vi
Há muito tinha corrido
Ou se escondido nas brenhas,
Porque já tinha sentido
Que descoberto o delito
Ele estaria perdido.

Disse mais Lampião: "Zé,
Um homem se desmantela
E desmantela a mulher,
Sendo que ela dê trela.
Lídia é esposa sua,
Faça o que quiser com ela".

E Zé Baiano, que amava
Tanto a sua companheira,
Amargurado, ferido,
Fez uma grande besteira.
E amarrou Lídia num pé
De umbu, numa capoeira.

E ela passou toda a noite
Implorando piedade,
E Zé Baiano escutando,
Talvez sentindo vontade
De perdoá-la, sofrendo…
Mas faltou serenidade.

Zé Baiano não dormiu,
Mergulhado em pensamentos.
Lídia passou toda a noite
Sofrendo grandes tormentos,
Certa de que aqueles eram
Seus derradeiros momentos.

Bem cedinho Zé Baiano
Abandonou sua casa,
Ou melhor, sua barraca,
Tendo o rosto feito brasa,
E perto do pé de umbu
Cavou uma cova rasa.

Moreira de Acopiara

Lídia, vendo aquela cena,
Fortemente suplicou.
Zé Baiano ouviu calado,
Mas fez que não escutou.
Apanhou um grosso galho
E, sem piedade, a matou.

Depois colocou na cova
(Aberta recentemente)
Aquele corpo sem vida,
Agora tão diferente.
Debruçou-se sobre ela
E chorou amargamente.

Não tardou e Zé Baiano,
Depois desse amargo fel,
Foi morto numa emboscada,
Também de modo cruel.
Mas sua história completa
Eu conto noutro cordel.

BEM-TE-VI, O RIVAL DE ZÉ BAIANO

Sobre Lídia e Zé Baiano
Mais de uma vez escrevi.
Mas, depois de mais andanças,
Eu agora decidi
Pegar caneta e papel
E fazer este cordel
Sobre os dois, mais Bem-te-vi.

Mas antes é necessário
Traçar um pequeno traço
Para esclarecer que Lídia,
Dentro do seu amplo espaço,
Já foi muito bem descrita
Como a mulher mais bonita
Que passou pelo cangaço.

Moreira de Acopiara

Já seu amor, Zé Baiano,
Que tão bem a recebeu,
Era um homem muito duro,
Que ao seu lado amoleceu
E esqueceu todo aperreio.
Mas foi o cabra mais feio
Que o cangaço conheceu.

Os dois protagonizaram
Uma história interessante,
Trivial e comovente,
Com um enredo fascinante.
Um amor incontrolável,
Num cenário formidável,
E a presença de um amante.

Entretanto, entre o casal
Lídia e Zé Baiano havia
Segurança, entendimento,
Atração e simpatia.
Mas a coisa complicou
Quando Bem-te-vi chegou
Trazendo desarmonia.

Zé Baiano pertencia
Ao bando de Lampião.
Foi chefe de subgrupo,
Bruto como um furacão.
Para ele, quem traía
Cedo ou tarde recebia
Desabrida punição.

Tudo ia bem com o casal
Lídia e Zé Baiano, mas
Apareceu Bem-te-vi,
A mando do Satanás,
Se intrometeu entre os dois
E pouco tempo depois
Destruiu aquela paz.

Já disse e repito: Lídia
Foi a mulher mais bonita
Que seguiu um cangaceiro,
Deixando a família aflita;
E fez o que bem queria,
Sem saber que encontraria
Na frente a maior desdita.

Ela amava o Zé Baiano,
E o Zé Baiano a amava.
O que era bom para ela
O Zé providenciava.
Mas Lídia ainda achou pouco.
Para ela, o mundo louco
Muito tinha e pouco dava.

Zé Baiano andava muito,
Sem rumo certo, à procura
De ganhos que melhorassem
Sua já boa estrutura.
E, sempre que se ausentava,
Lídia, sedenta, embarcava
Na mais ardente aventura.

Moreira de Acopiara

Encontrou terreno fértil
Nos braços do conhecido
Do tempo da mocidade,
Com quem já tinha vivido
Algo que não revelava,
Que ele muito se lembrava
E ela não tinha esquecido.

Depois de curta pesquisa,
Facilmente descobri
Que seu nome era Demórcio,
E nunca se viu ali
Um homem tão educado,
Que recebeu, com agrado,
A alcunha de Bem-te-vi.

Alto, louro, corpo atlético,
Muito bem apessoado,
Dentes brancos, pele fina,
Cabelo bem alinhado,
Que Lídia bem conhecia
E, quando o olhava, via
O retrato do pecado.

E começaram os encontros.
Primeiramente discretos,
Com compridos intervalos,
Mas de carícias repletos.
Depois foram relaxando,
E os encontros, se tornando
Mais frequentes e completos.

Mas certa tarde, em Sergipe,
O temível cangaceiro
Zé Baiano precisou
Abandonar o terreiro,
Ou melhor, o acampamento,
E ir atrás de um pagamento,
Pois emprestava dinheiro.

Tinha terra, tinha gado,
Cavalo e boa pastagem,
Fazia altos negócios,
Sempre visando a vantagem.
Além do muito que tinha,
Muito mais lucro lhe vinha
Através da agiotagem.

Pois bem! Nesse dia Zé
Baiano partiu ligeiro.
Lídia, quando o viu distante,
Acionou o seu parceiro
Bem-te-vi, foi se esconder
Com ele, sem perceber
A presença de Coqueiro,

Que viu a completa cena,
Mais quente, pura e selvagem,
Entre Lídia e Bem-te-vi.
Depois fez uma viagem
Através do pensamento.
Já num segundo momento,
Resolveu fazer chantagem.

E disse: "Lídia, conheço
Esse seu cotidiano.
Sei de tudo entre você
E o Bem-te-vi. E é meu plano
Ficar também com você.
Se disser 'não', saiba que
Conto tudo a Zé Baiano".

Lídia ficou furiosa
E respondeu: "Não me dê
Motivos para que eu possa
Odiá-lo, e saiba que
Sou mulher de punho forte.
Eu antes prefiro a morte,
Mas não fico com você".

Dito e feito. Depois que
Zé Baiano retornou,
Coqueiro foi até ele,
Muito agitado, e contou.
Zé sentiu grande canseira,
Questionou a companheira,
E ela, firme, não negou.

Lampião, que estava perto,
Fungou e pensou ligeiro,
E disse: "Fidelidade
Vale mais do que dinheiro".
Não gostou da delação,
Calculou e fez questão
De desagregar Coqueiro.

E prosseguiu: "Zé Baiano,
Quanto a sua mulher bela,
É preciso confessar
Que fiquei com raiva dela.
Já vimos muita desgraça,
Mas fique à vontade, faça
O que bem quiser com ela".

E Zé Baiano a matou,
Claro que contrariado.
Enterrou em cova rasa,
Se sentindo derrotado.
Nesse ponto, Bem-te-vi
Não estava mais ali,
Tinha fugido, apressado.

A noite estava avançada,
Assustadora e escura.
Bem-te-vi, desesperado,
Precipitou-se à procura
De um interessante porto,
Ou mesmo de algum conforto
Numa parada segura.

Andou horas, andou dias
Atrás desse paradeiro.
Passou por muitos lugares,
Foi bater em Juazeiro,
Às margens do São Francisco.
Para não correr mais risco,
Deixou de ser cangaceiro.

Moreira de Acopiara

Adotou o nome de
Benedito Bacurau,
Foi morar em Cariranha,
Mostrou ser cara de pau,
Buscou ser sujeito ordeiro,
Passou a ser sapateiro,
Procurou não ser tão mau.

Morreu em mil novecentos
E noventa e um, tranquilo,
Sabendo que tudo foi
Um perigoso vacilo
E um desconforto graúdo.
É tanto que fez de tudo
Para esquecer tudo aquilo.

Chega ao fim mais um cordel,
Que escrevi com paciência,
Torcendo para que os versos
Atinjam boa abrangência.
Sei que ninguém é perfeito!
Sou tranquilo e não aceito
Machismo nem violência.

JARARACA, UM MILITAR NO CANGAÇO

José Leite de Santana
Não foi criatura fraca.
Também não foi muito forte,
Mas foi como Jararaca
Que ficou mais conhecido,
E até hoje ainda tem sido
Um nome que se destaca.

Foi mais um dos cangaceiros
Que não teve muita sorte,
Pois morreu assassinado
No Rio Grande do Norte,
Depois de triste missão
Com o grupo de Lampião,
Que se dizia tão forte.

E, uma vez em Mossoró,
Teve o infeliz palpite
De entrar na cidade para
Extorquir plebe e elite,
Exigindo alto cachê.
Mas não se deu bem, porque
Todos têm o seu limite.

Mas ali tinha um prefeito,
Um tal Rodolfo Fernandes,
Que conhecia as vielas,
Os quiosques e os estandes,
Pois era qualificado
E estava bem preparado
Para desafios grandes.

Mesmo assim, Lampião quis
Entrar na rica cidade,
Com mais de cinquenta homens,
Mas na oportunidade
Mossoró se organizou,
E o cruel bando enfrentou
A maior dificuldade.

Ali a coisa não foi
Do jeito que o grupo quis,
Pois foi recepcionado
Com rifles e com fuzis.
E, sem conquistar terreno,
Lampião ficou pequeno
E se sentiu infeliz.

Perdeu homens e partiu
Às pressas e humilhado.
Mas o cabra Jararaca
Tinha sido baleado.
Sem ter mais o que fazer,
Teve que retroceder
Para ser capturado.

Era jovem. Tinha apenas
Vinte e seis anos de idade.
Conviveu desde pequeno
Com muita agressividade.
Acho que muito sofreu,
Para acumular no seu
Coração muita maldade.

Ao completar dezenove
Anos de idade, ingressou
No Exército brasileiro,
Em São Paulo, onde ficou
Por dois anos (curto prazo).
E, como soldado raso,
Em vinte e seis se afastou.

Ele achou que no Exército
Não teria muito espaço,
E não tinha vindo para
Cantar fora do compasso
Nem para perder viagem,
Que teria mais vantagem
Se entrasse para o cangaço.

Moreira de Acopiara

Já tinha muito conhe-
Cimento de artilharia,
Por isso é que Lampião
Viu com muita simpatia
O seu ingresso no bando,
Pois estava precisando
De uma boa pontaria.

Depois de capturado,
Na pacata Mossoró,
Jararaca se sentiu
Em maus lençóis, muito só.
Então foi interrogado,
Desdenhado e torturado
Sem piedade nem dó.

Concedeu longa entrevista
Naquele infecto espaço
E, enquanto isso, sorria,
Em total desembaraço.
Mais tarde, fez uma pausa
E disse: "Rio por causa
Das lembranças do cangaço".

Segundo ele (depois
De gargalhadas compridas),
No cangaço tinha tido
As horas mais divertidas.
Não se sentia frustrado,
Mesmo já tendo tirado
Muitas preciosas vidas.

O certo é que, na cadeia,
Mesmo sem se medicar,
Depois de três dias tinha
Conseguido melhorar.
E, em tão triste ocasião,
Tornou-se a grande atração
Da cadeia potiguar.

No final do quarto dia,
Naquele tenso local,
Disseram: "Vão transferi-lo
Hoje para a capital".
Jararaca se exaltou
E disse: "Acho que chegou
O meu momento final".

Jararaca percebeu
No ar um certo mistério.
De repente ele avistou
Um soldado muito sério.
Não falou, não exigiu,
Foi breve e o conduziu
Ao centro do cemitério.

Mas esse soldado tinha
Ao lado mais de um parceiro.
Por isso tanta coragem
Ao lado do bandoleiro.
Jararaca, sem tremer,
Declarou: "Vocês vão ver
Como morre um cangaceiro".

Recebeu primeiramente
Uma forte coronhada.
Já meio desnorteado,
Levou uma punhalada.
Depois o soldado João
Arcanjo, um filho do cão,
Concluiu a empreitada.

E disse: "Na hora aguda,
Soldado não se aperreia".
Deu-lhe um tiro na cabeça,
E a cena foi muito feia.
Depois dessa fatal sova,
Jogaram o corpo na cova
E o cobriram com areia.

Por circunstância da morte,
Não demorou nem um dia,
E o que ali se viu foi uma
Espécie de romaria,
Que começou a crescer.
O povo queria ver
Onde o bandido jazia.

Em Mossoró, o seu túmulo
É um dos mais visitados.
Acreditam que o bandido
Se arrependeu dos pecados,
Que eles foram, de repente,
E inacreditavelmente,
Para sempre perdoados.

Muitos garantem que essa
Peculiar criatura,
Até hoje cultuada,
Mesmo nessa conjuntura,
Depois de tamanha dor
E medo, é somente por
Causa da sua postura.

É que Jararaca em
Nenhum momento arregou.
Riu da própria desventura,
Não chorou, não blasfemou,
Não morreu se maldizendo.
O povão ficou sabendo,
Gostou e se afeiçoou.

Segundo o que o povo diz,
E eu também já sei de cor,
O sertanejo prefere
O simples e acha melhor
(Como vemos neste caso,
Com o qual também me comprazo)
Enaltecer o menor.

Veja Rodolfo Fernandes,
Nome que merece placa:
Seu túmulo é todo de mármore,
E em Mossoró se destaca.
Neste contexto se insere,
Mas o povo ainda prefere
A cova de Jararaca.

Moreira de Acopiara

Todos sabem que Rodolfo
Fernandes era o prefeito
De Mossoró e foi quem
Armou seu povo com jeito,
A fim de se defender,
E fez Lampião correr
Por caminho muito estreito.

Quando Rodolfo morreu,
Não conseguiu atrair
Os olhares populares.
E aqui, para concluir,
Eu acho fundamental
Dizer que é tudo ideal
Para a gente refletir.

GATO, UM INDÍGENA NO CANGAÇO

Sobre o cangaço já fiz
Cordel, artigo e relato,
Já falei de quem foi bom,
Foi mau, foi grato ou ingrato,
Mas agora os meus cuidados
Estarão todos voltados
Para o cangaceiro Gato.

Mas acho muito importante
Primeiro dar nome aos bois.
Algumas coisas é bom
Não deixar para depois.
Como houve mais de um Gato
No cangaço, agora trato
De falar do Gato Dois.

Moreira de Acopiara

Dizer seu nome completo
É mais do que necessário,
Para que o cordel não fique
Mal ajambrado ou precário:
Santílio Gomes, nascido
Para ser mau, conhecido
Como um bruto sanguinário.

Filho de seu Fabiano
E de dona Aninha Bola,
Não foi ligado ao trabalho
Nem quis frequentar escola.
Tinha gosto especial
Por fuzil, rifle, punhal,
Metralhadora e pistola.

O pai viveu em Canudos,
No tempo do Conselheiro
E era admirador desse
Controverso brasileiro,
Que aos poucos se destruiu.
Dali Santílio saiu
Um jagunço verdadeiro.

Essa gente pertencia
Ao povo Pankararé.
Ali Santílio viveu
Vidinha pacata, até
Ter que viajar sem norte
E padecer duro corte
Ou "dar um tiro no pé".

E antes de se transformar
Num monstro ameaçador,
Sanguinário, violento,
Cruel e usurpador
E percorrer o sertão,
Raivoso, de arma na mão,
Provocando medo e dor.

Não tinha fé, mas não digo
Que não ter fé é o fim.
Conheço gente que tem
Muita fé, mas é ruim;
E gente que não tem fé
Nem crença nenhuma e é
Do bem e gosta de mim.

Há muitos religiosos
Com ódio no coração.
Por outro lado, ser bom
Não passa de obrigação,
E essa qualidade é
Independente de fé,
De crença e religião.

Mas nesse momento eu volto
A falar de Gato, pois
É tema fundamental
Que na cultura se impôs.
E algumas informações
Não podem ter restrições
Nem ficar para depois.

MOREIRA DE ACOPIARA

Duas das suas irmãs,
Sendo Julinha e Maria
Da Conceição, resolveram
Seguir pela mesma via
De perigosas viagens,
Achando que só vantagens
O cangaço oferecia.

Maria foi companheira
De um sujeito perigoso
Conhecido por Mourão.
Julinha teve um esposo
Que era muito revoltado
E que foi rebatizado
Com o nome de Revoltoso.

Tudo uma grande ilusão
E um pesadelo, pois quem
Se envolve com violência
Muito futuro não tem.
O tempo está para abraço
E beijo, porque cangaço
Não prestou para ninguém.

Não prestou nem prestará,
E isso vem há muitos anos.
Hoje nós ainda temos
Alguns bandidos urbanos,
Muito fortes e dispostos,
Mas constantemente expostos
Aos maiores desenganos.

LAMPIÃO NA TRILHA DO CANGAÇO

Eles não triunfarão,
Porque já se constatou
Que os mais honestos prosperam,
Mas quem se precipitou,
Ou quem não andou direito,
Fracassou do mesmo jeito
Que Lampião fracassou.

Mas aquele que foi calmo,
Sensato, pacato e certo,
Quem nessa estrada comprida
Não deixou de estar esperto,
Nem caiu em tentação,
Conseguiu ter projeção,
E a paz de um caminho aberto.

Mas, como eu ia dizendo,
Santílio foi tão ruim,
Tão cruel, tão desumano
E tão cheio de pantim
Que até sua mãe, por pouco,
Nas garras do filho louco
Não vislumbrou triste fim.

Isso mesmo! Sua mãe
Certa feita comentou
Que um grupo de cangaceiros
Sem graça a incomodou,
Provocando rebuliço.
Santílio, sabendo disso,
Por pouco não a matou.

Moreira de Acopiara

Só não fez essa besteira
Porque a família sentiu
E com muitos argumentos
Implorou, rogou, pediu...
E ele, o retrato da morte,
Num lance de muita sorte,
Repensou e desistiu.

Mesmo sendo assim tão mau,
Fora do tempo e da linha,
A gente conclui que alguma
Coisa interessante tinha.
Senão não conseguiria
A marcante companhia
Da sertaneja Inacinha.

Jovem interessante e linda,
Filha de um agricultor,
Que, ao avistar o facínora,
Sentiu no corpo um tremor,
Os dois então se entenderam
E no cangaço viveram
Bonita história de amor.

Mas Gato, que era o Santílio,
Sempre arrumava das suas.
Com uma prima de Inacinha
Conheceu ruas e luas.
Viu seu sonho se perder
Quando não pôde viver
Na companhia das duas.

Lampião na trilha do cangaço

Pois Inacinha bateu
O pé e disse: "Ninguém
Se intromete em meu caminho
Nem azeda o meu xerém".
Depois avisou à prima:
"Se bagunçar o meu clima,
Não vai ter mas nem porém".

O certo é que a sertaneja
Denominada Inacinha
Conseguiu (com muito jeito)
Botar seu Gato na linha.
Depois ela disse: "Gato,
Ou você me dá bom trato
Ou prefiro andar sozinha".

Gato disse: "Sendo assim,
A outra está dispensada.
Confesso que sem você
Fica triste a caminhada.
Ou melhor, sem seu amor
A vida perde o sabor
Ou não vale quase nada".

E, como disse, viveram
Intensa história de amor,
Mas sem poder construir
Um futuro promissor,
Pois o que mais conheceram,
Enquanto juntos viveram,
Foi perseguição e dor.

Moreira de Acopiara

Entre essas lutas, um dia
Houve marcante surpresa,
Mas muito desagradável,
Pois Inacinha, indefesa,
Depois de levar um tiro,
Fugiu, deu mais de um suspiro,
Mas acabou sendo presa.

Gato quis ficar, porém
Inacinha esbravejou
E disse: "Por favor, fuja,
Que o mundo não se acabou".
Certo é que Gato sofreu,
Pensou muito, obedeceu,
Fugiu, mas depois voltou.

Voltou para resgatar
Quem muito o protegeu,
A mulher que mais amou,
O bem que sempre foi seu.
Mas, mesmo sendo escaldado,
Gato findou baleado
E em quatro dias morreu.

Pois isso aconteceu em
Dezenove trinta e seis,
Na cidade de Piranhas,
Setembro era o triste mês.
Nesse dia vinte e oito,
Gato, um cangaceiro afoito,
Lutou, mas perdeu a vez.

CORISCO, O DIABO LOURO

Cristino Gomes da Silva
Cleto foi um cangaceiro
De Matinha de Água Branca,
No Nordeste brasileiro.
Em Alagoas nasceu
E na Bahia morreu
Esse grande bandoleiro.

Virou Corisco, um parceiro
Do valente Lampião.
Com um bom punhal na cintura
E mais um rifle na mão,
Adquiriu confiança
E começou sua andança
Pelas plagas do sertão.

Moreira de Acopiara

Para essa profissão
Já nasceu predestinado.
Com cabelo louro e grande
E um corpo delineado,
Foi atrás de mais espaço,
E pelo rei do cangaço
Foi bastante respeitado.

Viu-se um dia apaixonado
E, com naturalidade,
Carregou Sérgia (Dadá),
De treze anos de idade.
Naquela fase severa,
Mulher no cangaço era
Uma grande novidade.

Mas, para infelicidade,
Foi união sem amor.
Ela sem poder voltar
Para o velho genitor
Viveu dias diferentes
Ao lado de alguns parentes
Do seu cruel sedutor.

Corisco viveu terror
Aos dezessete de idade,
Ao matar um protegido
Do coronel da cidade.
Depois do crime que fez,
Ele partiu de uma vez
Para a criminalidade.

Lampião na trilha do cangaço

Beleza e agilidade,
Com força física e coragem.
Com os seus cabelos longos
E extravagante roupagem,
Nessa longa travessia
Tendo no seu dia a dia
A luz do sol por imagem.

Quem planeja tal viagem
Tem futuro pequenino.
Já se deu com Cabeleira
E com Antônio Silvino.
Corisco era malcriado,
Mas um homem respeitado
No bando de Virgulino.

Para selar seu destino,
Criou um bando também,
Do jeito de Zé Sereno,
Contando a história vem.
Assassinava e roubava,
E onde o seu bando passava
Não dispensava ninguém.

Incendiava armazém,
Gostava de roubar gado,
Qualquer dia da semana
Fazia saque em mercado.
Era a cara da agonia:
Muita gente se escondia
Com medo do grupo armado.

Moreira de Acopiara

Corisco foi fulminado
Na região da Bahia,
Em Jeremoabo, terra
Que a gente muito aprecia.
Dali ele foi embora,
Deve estar pagando agora
Pelos males que fazia.

Foi cruel aquele dia!
Para os dois, muito aperreio.
Quando o casal almoçou,
Corisco ao terreiro veio.
Dadá gritou num instante:
"Os macacos! A volante!"
Começou o tiroteio.

Cada um de fuzil cheio
Da mais cara munição.
Houve um ataque surpresa,
Uma tremenda traição.
Mesmo sabendo do risco,
Desejavam ver Corisco
Sem vida beijando o chão.

Logo após a refeição,
Tendo o corpo ainda quente,
Dadá percebeu estranho
Movimento logo à frente.
Depois viu, apavorada,
A volante comandada
Por Zé Rufino, um tenente.

Lampião na trilha do cangaço

Morreu um homem valente
Da história do cangaço,
Parceiro de Zé Sereno,
De Labareda e Mormaço.
Sem piedade e sem clemência,
No campo da violência
Deixou seu marcante traço.

Foi de aventura e fracasso
Sua curta trajetória.
Onde existir um parente
Tem Corisco na memória.
Não pôde morrer na cama.
Quem conhecer sua fama
Há de contar sua história.

Sabemos que não tem glória
Pra quem pratica matança.
Corisco era inteligente,
Mas fez maldade e lambança.
Do jeito de Lampião,
Abraçou a profissão
Por motivo de vingança.

Ainda teve esperança
De sair dessa rotina,
Mas pra vida melhorar
A sorte foi pequenina.
Quis apagar o passado,
Mas já tinha preparado
A sua própria ruína.

Moreira de Acopiara

Cada um tem sua sina,
Isso já não é segredo.
Corisco era o Diabo Louro,
Um homem bravo e sem medo.
Às vezes irreverente,
Gostava de ser parente
Do cangaceiro Arvoredo.

E, se escondendo em Lajedo
Para fugir de emboscada,
Dadá, a sua mulher,
Viveu muito angustiada.
Enfrentou o tiroteio,
E em meio a grande aperreio,
Teve uma perna quebrada.

Sem poder fazer mais fazer nada,
Angustiada e ferida,
Ouviu naquele momento
Uma voz estremecida.
Foi Zé Rufino a gritar:
"Se Corisco se entregar,
Eu garanto a sua vida".

Corisco logo em seguida
Pra ele respondeu: "Não!
Eu sou homem pra morrer
Em qualquer ocasião.
Honre aí seu bacamarte,
Que rendição não faz parte
Das regras do Capitão".

Depois dessa exclamação,
O tenente Zé Rufino
Gritou para os seus soldados:
"Atirem nesse assassino,
Pois acordo ele não quer!
Morrer com sua mulher
Deve ser o seu destino!"

Nessa hora, Zé Rufino
Gritou: "Podem atacar!"
Quando Dadá viu Corisco
Sem forças no chão tombar,
Com sua perna quebrada
Não pôde mais fazer nada,
O jeito foi se entregar.

Ao ver Corisco gritar
Com o pesado ferimento,
Dadá também indefesa
Ficou naquele momento.
Foi grande o seu desespero
Ao ver o fim do guerreiro
Que brigava até com o vento.

Depois do sepultamento,
A cova foi revirada,
E o cadáver teve ainda
Sua cabeça cortada,
Como se fosse rotina.
De lá para o museu Nina
Rodrigues foi trasladada.

Moreira de Acopiara

Assim foi esmiuçada
A vida de um cangaceiro,
O Diabo Louro, homem forte,
Cruel e interesseiro.
Por Dadá sentiu amor,
Mas foi o maior terror
Do Nordeste brasileiro.

Um seu filho verdadeiro
Resolveu esmiuçar
Toda a história de Corisco,
Para depois nos contar.
Foi resistente demais,
Cremou seus restos mortais,
Jogou as cinzas no mar.

Agora vou mencionar
Seu nome: Silvio Bulhões.
Um homem que no Nordeste
Conheceu outras paixões.
Corisco não teve glória,
Mas deixou penosa história
Para muitas gerações.

Não viveu outras paixões,
Teve morte violenta.
Nasceu em mil novecentos
E sete... É o que se sustenta.
O seu bonito perfil
Empalideceu em mil
Novecentos e quarenta.

Morreu de maneira lenta,
Mas inda está muito vivo
Na imaginação do povo
Sertanejo e criativo.
Dadá foi presa, escapou,
E o cangaço se acabou
De modo definitivo.

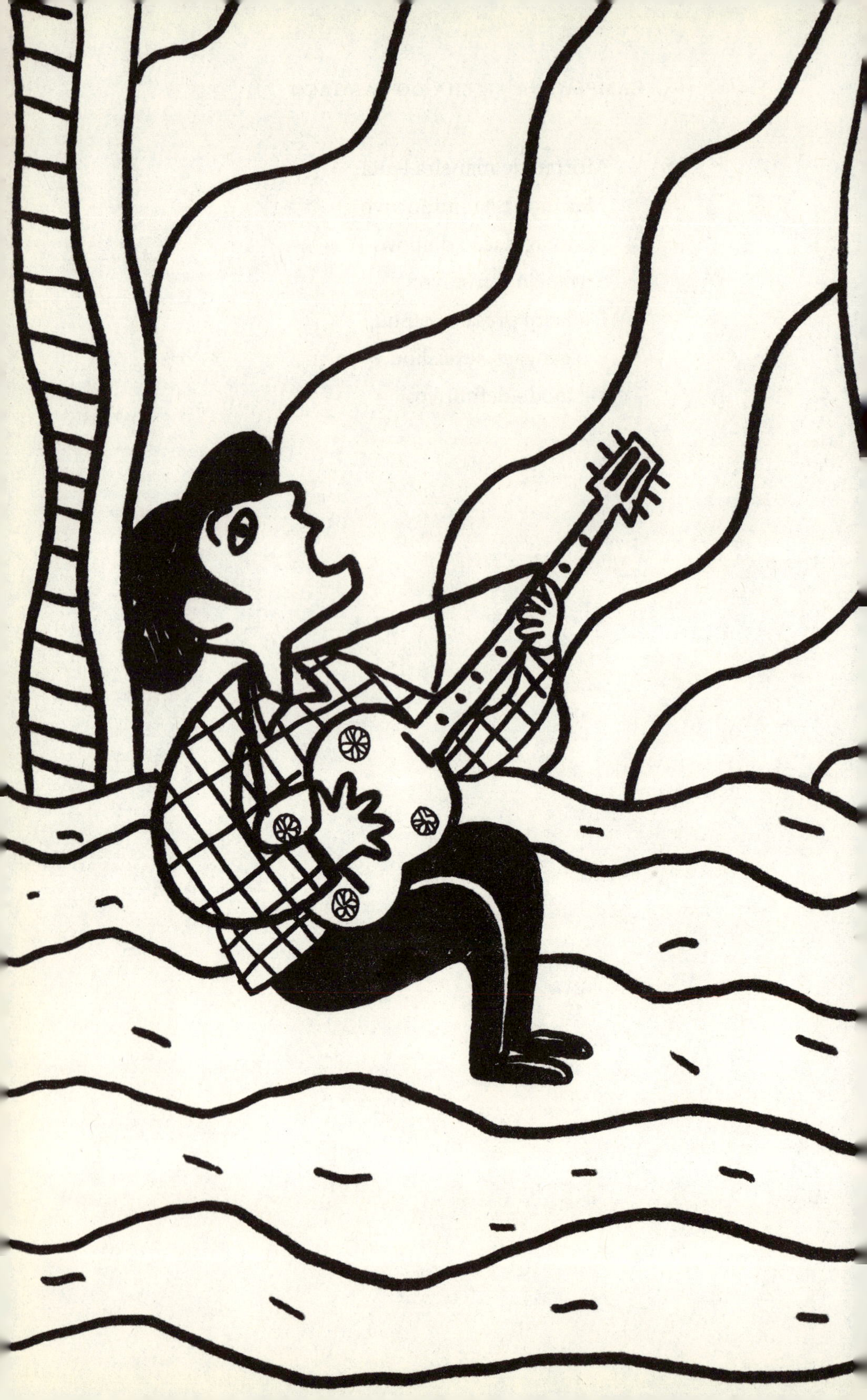

VOLTA SECA, UM MENINO NO CANGAÇO

Os homens mais violentos
Do cangaço foram tantos
Que até hoje nos assustam
Ou causam certos espantos.
Como sou justo e sincero,
Eu nesse momento quero
Falar de Antônio dos Santos.

Nascido a treze de março
Do ano mil novecentos
E dezoito, nunca teve
Confortáveis aposentos.
Não brincou, pouco sorriu,
Quase não se divertiu,
Viveu minguados momentos.

Moreira de Acopiara

Morreu em noventa e sete,
Com setenta e oito anos
De idade, em Minas Gerais,
Depois de frustrados planos,
Incontáveis amarguras,
Relevantes desventuras
E pesados desenganos.

Filho de família pobre
Da região sergipana,
Nasceu em uma cidade
Com o nome de Itabaiana.
Cresceu sem tranquilidade
No meio da sociedade
Desleal e desumana.

Com onze anos de idade,
Viu uma irmã estuprada.
Tinha um pai embrutecido
E uma madrasta zangada,
Que lhe castigando vinha.
Em resumo, Antônio tinha
Casta desestruturada.

Foi dar parte na polícia,
Mas vislumbrou o enfezo
De um delegado colérico
E, se sentindo indefeso
No meio de mil desgraças,
Sofreu fortes ameaças
E quase ficava preso.

Lampião na trilha do cangaço

Menino astuto e amargo,
Disposto e já sem temor,
Ainda muito sem norte,
Com ódio muito (e rancor),
E energia muito fraca,
Com uma pontiaguda faca
Matou o estuprador.

A madrasta não gostou,
Pois ela nunca gostava
Do que o menino fazia,
Logo ficou muito brava.
E numa decisão burra
Deu na criança uma surra,
Pois ela sempre o surrava.

Para não mais apanhar,
Antônio dos Santos viu
Que era preciso partir,
E foi o que decidiu,
Depois de dizer "Já basta!",
Não disse nada à madrasta,
Criou coragem e partiu.

Saiu do jeito que estava:
Sem lenço e sem documento,
Sem ter um destino certo,
Sem nenhum planejamento,
Igual a um abandonado.
À noite, muito cansado,
Descansou sob o relento.

Moreira de Acopiara

Estava muito faminto,
Mas não tinha o que comer.
Por causa desse detalhe,
Demorou a adormecer.
Nesse completo abandono,
Sem conciliar bom sono,
Esperou amanhecer.

E, quando raiou o dia,
Saiu Antônio dos Santos,
Mais uma vez sem destino,
Triste, disfarçando prantos,
Imaginando alianças,
Alimentando esperanças,
Mastigando desencantos.

Imaginou muitas coisas,
Pediu, ouviu muito não,
Teve medos, sentiu dores,
Caminhou sem direção,
Chorou, se desesperou,
Mas de repente avistou
Uns cabras de Lampião.

Ficou entusiasmado
Quando viu na sua frente
Aquele povo esquisito,
De uniforme diferente.
E os cabras de Lampião
Deram total atenção
Àquele pobre inocente.

Alimentaram o menino
E o fizeram tomar banho,
Deram-lhe uma roupa limpa,
De acordo com seu tamanho...
Depois, querendo ir além,
O trataram muito bem,
O que ele achou muito estranho.

Aos poucos Antônio foi
Se aproximando, ficando,
Fazendo um mandado e outro,
Pelejando, se esforçando,
E o mais certo é que agradava.
Quando percebeu, já estava
Fazendo parte do bando.

Por esse tempo contava
Só onze anos de idade.
Passou a executar
Mais de uma atividade,
Como banhar os cavalos,
Selá-los, alimentá-los
E espionar a cidade.

Ele aprendeu a rondar
Inusitados locais,
Discretamente, pra ver
Se havia policiais.
Além disso, ainda lavava
Louças e roupas, passava,
Mas fazia muito mais.

Moreira de Acopiara

Era esperto, mas, depois
De tanto ter apanhado,
Ficou violento e por Volta
Seca foi apelidado.
Embora sendo cruel,
Apreciava cordel,
Pois era alfabetizado.

Era inteligente, e com
Facilidade escrevia
Versos bem rimados que
Todo o grupo conhecia.
E em muitas ocasiões
Compunha lindas canções
Que a gente ainda aprecia.

E todo o grupo cantava,
Ao redor de uma fogueira,
No meio de alguma luta
Ou transpondo uma fronteira.
Já fiz pesquisa comprida
E acho que a mais conhecida
Se chama "Mulher rendeira".

Outra que o povo inda canta
Se chama "Acorda Maria
Bonita", com lindos versos
E delicada harmonia.
Meu pai, em sonhos imerso,
Gostava de cada verso
Que Volta Seca escrevia.

E ele fez algumas outras
Interessantes cantigas:
Para insultar as volantes,
Afugentar as fadigas,
Amenizar a preguiça,
Se divertir, ir à missa,
Esquecer medos e intrigas.

Um dia viu Lampião,
Seu chefe, bater na cara
De um subordinado, e numa
Oportunidade rara
Disse: "É essa a ladainha?
Mas, se alguém bater na minha,
Leva bala, murro e vara".

Lampião ficou sabendo,
E é claro que não gostou.
Mandou chamar Volta Seca,
E ele respondeu: "Não vou!"
Mas ficou preocupado.
Pra não ser eliminado,
Volta Seca desertou.

Três vezes foi preso, mas
Fugiu nas duas primeiras.
Sem saber se resguardar,
Findou dando outras bobeiras.
Sendo recapturado,
Julgado e sentenciado,
Cumpriu penas corriqueiras.

Moreira de Acopiara

Em mil novecentos e
Cinquenta e quatro cumpria
Longa pena, mas Getúlio
Vargas, que bem conhecia
Toda a história do cangaço,
Deu um decisivo passo
No rumo de uma anistia.

Consequentemente, Volta
Seca foi anistiado.
E foi tocar a vidinha,
Trabalhando de empregado.
Construiu caminho escasso,
Mas na história do cangaço
Deixou seu nome gravado.

Ao ganhar a liberdade,
Continuou sendo arisco.
Selecionaram umas músicas,
E ele as colocou num disco
Com sua voz nasalada.
Prosseguiu a caminhada,
Não correndo muito risco.

Depois disso, eu não sei quais
Foram as suas conquistas.
Não sei se ganhou dinheiro,
Se andou com grandes artistas,
Se subiu ou se desceu.
O certo é que concedeu
Controversas entrevistas.

ZÉ BAIANO, O CANGACEIRO MAIS RICO QUE LAMPIÃO

Dos cangaceiros, um dos
Mais cruéis, se não me engano,
Nasceu em Chorrochó. Tinha
O nome de Zé Baiano.
Na luta não se cansava,
Mas às vezes fraquejava,
Como todo ser humano.

O seu feliz nascimento
Deu-se em mil e novecentos.
Dali em diante, vieram
Alguns aborrecimentos,
Muita dor, pouca alegria
E a constante companhia
De perversos elementos.

Moreira de Acopiara

Para que você não pense
Que eu estou desprevenido,
Direi seu nome completo,
Por sinal muito comprido:
José Aleixo Ribeiro
Da Silva, um baiano ordeiro
Que se transformou em bandido.

Ainda jovem, não era
Homem de compridas falas,
De amizades muito estreitas
Ou suspeitosas escalas.
Atacava e defendia
E, acuado, se valia
Da fortaleza das balas.

Desde cedo viu alguns
Parentes atrás de espaço
Em várias atividades,
Investindo em cada traço.
Mas, por falta de opção,
Em termos de profissão
Entraram para o cangaço.

José Aleixo pensou,
Pensou, repensou bem
E disse: "Neste sertão,
Se o camarada não tem
Boa qualificação,
Tem somente uma opção:
Ser cangaceiro também".

LAMPIÃO NA TRILHA DO CANGAÇO

E em mil novecentos e
Trinta, salvo grande engano,
José Aleixo Ribeiro
Botou em prática o plano
De ser cangaceiro ousado
E logo foi batizado
Com o nome de Zé Baiano.

Aliou-se a Lampião,
Porque mostrou bom serviço,
E passou a atuar
Em Frei Paulo, Alagadiço,
Chorrochó e Salgadinho.
Por ali cada caminho
Parecia ter feitiço.

Andar e negociar
Era o que ele mais fazia.
Assaltava, saqueava,
Sequestrava e extorquia,
Como todo cangaceiro,
E emprestava bom dinheiro
Para grande freguesia.

Emprestava para ricos,
Pobres, espertos e otários,
Claro que sempre obtendo
Lucros extraordinários.
Não perdoava ninguém!
Lucrou muito, mas também
Construiu adversários.

E aumentou o patrimônio,
Mesmo entre fortes contendas.
Tinha bom gado, dinheiro,
Vistosos burros, fazendas,
Embornais com muito ouro
E um esquema escoadouro,
Gerador de grandes rendas.

E, ao lado de Chico Peste,
Acelino e Demudado,
E um ou outro cangaceiro
Pelo grupo recrutado,
O cabra se organizou
Na região e deixou
O povo muito assustado.

Ganhou mais dois cognomes,
Que lembro constantemente.
Um foi de "Pantera Negra",
Por ser um negro valente,
Muito bruto e destemido.
Depois ficou conhecido
Como "Ferrador de Gente".

Ou "Ferrador de Mulheres",
Pois um dia, estando em
Canindé do São Francisco,
Findou não agindo bem,
Porque todo mundo falha.
Depois de longa batalha,
Fez muita gente refém.

Estava muito zangado,
Com uma batalha perdida,
E adentrou uma bodega
Procurando uma bebida
Que abrandasse as amarguras
E avistou três criaturas,
O que aumentou a ferida.

Eram três mulheres que
Perseguiam cangaceiros,
Paparicavam polícias,
Denunciavam coiteiros
E, ao lado de seus maridos,
Davam golpes indevidos
E aplaudiam fofoqueiros.

Então Zé Baiano olhou
Um caixote velho que
Tinha um ferro de marcar,
Com as letras Jota e Bê,
Que pertencia a João Brito,
Achou aquilo bonito
E armou grande fuzuê.

Enfurecido e sem calma,
Imobilizou as três,
Pegou o ferro já quente
E as ferrou com rapidez.
Eu não sei se ele cresceu
E nem se se arrependeu
Dessa bobagem que fez.

Só sei mesmo que ele não
Foi feliz nesse momento,
Pois foi machista, cruel,
Arrogante e violento.
Isso ainda me aborrece,
Pois toda mulher merece
Respeitoso tratamento.

Isso se deu em janeiro
Do fatídico trinta e dois.
Mais coisas aconteceram,
E, poucos meses depois,
Trilhando caminho escuro,
Aquele coração duro
Devagar se recompôs.

Pois, passando certa vez
Pelo lugar Salgadinho,
Pertinho de Paulo Afonso,
Talvez cortando caminho,
Conheceu linda mulher.
E ele disse: "Se vier,
Receberá meu carinho".

Era Lídia, a linda moça
Que arrebatou Zé Baiano.
A partir de então, os dois
Refizeram cada plano.
E viveram, sem pudor,
O maior caso de amor
Que é capaz um ser humano.

E o amor dos dois se deu
No meio da natureza,
Ou no sertão causticante,
Um lugar que é uma beleza.
Conviveram mais de um ano,
E o valente Zé Baiano
A via como princesa.

Mas, inesperadamente,
Apareceu por ali
Um rapaz que logo foi
Chamado de Bem-te-vi.
Houve grande rebuliço
Entre o casal, e é por isso
Que falo do caso aqui.

Porque foi algo marcante
O que entre os dois se passou.
Lídia, exposta e vulnerável,
Bem-te-vi se insinuou...
Ele quis, ela se abriu,
Zé Baiano descobriu,
Se enfureceu e a matou.

Mas essa triste passagem
Já contei noutros cordéis,
Falei em longas palestras,
Botei em claros papéis.
Nesse momento, o meu plano
É dizer que Zé Baiano
Padeceu dores cruéis.

Moreira de Acopiara

Primeiro a dor da traição,
Que o fez agir muito mal,
Matando a mulher amada,
Como se fosse normal.
Mais desconfortos vieram,
E inimigos lhe trouxeram
Outro golpe crucial.

Isso se deu em trinta e seis,
Quando Antônio de Chiquinho,
Um coiteiro perseguido
Por volante e por vizinho
Resolveu se organizar
Com o intuito de tirar
Zé Baiano do caminho.

É que o cangaceiro estava
Incomodando demais
Na região de Frei Paulo,
Fazendas e arraiais,
Extorquindo os moradores,
Causando cenas de horrores,
De muitos tirando a paz.

Nisso Antônio de Chiquinho,
Sabendo que Zé estava
Acoitado com o pequeno
Grupo que o acompanhava,
Tratou de se organizar,
Melhor dizendo, comprar
Coisas de que ele gostava.

Eram simples mantimentos,
Como carne seca, fumo,
Café, rapadura, fósforos...
Tudo para o seu consumo.
Antônio, ressabiado,
Ao receber o recado,
Findou tomando outro rumo.

Convocou uns companheiros
E disse a todos: "O plano
É levar os mantimentos
E atrair o Zé Baiano.
Vamos chegar com leveza,
E, assim que ele der moleza,
Vai sofrer golpe tirano".

E assim foi feito. Ao chegar
Onde estava o cangaceiro,
Antônio, com um facão grande,
Aplicou golpe certeiro.
Zé Baiano estremeceu,
Mas era tarde. Então deu
Seu suspiro derradeiro.

Primeiramente ele foi
Brutalmente golpeado.
Como se isso fosse pouco,
Zé foi também baleado.
Para completar, garanto
Que ele foi posto num canto
Para ser decapitado.

Moreira de Acopiara

Os algozes do bandido
Que arbitraram o triste fim
Do grupo de Zé Baiano
Foram: Dedé, Birindim,
Pedro de Nica, Toinho,
Mais Pedro Guedes (vizinho),
Gente astuta, mas ruim.

Junto com Zé se acabaram
Chico Peste e Acelino,
E o bandido Demudado,
De Zé Baiano inquilino,
Ou o mais fiel companheiro.
Um antigo formigueiro
Foi desse grupo o destino.

CALAIS, O FEITICEIRO DAS CAATINGAS

Por histórias fascinantes
Muita gente é fascinada,
Mais precisamente quando
É uma história bem contada.
Eu, nesse meu linguajar,
Sempre gostei de falar
Daquilo que bem me agrada.

E mesmo já contei muitas
Histórias de cangaceiros,
Andanças, brigas, traições,
Batalhas, fugas, coiteiros,
Coronéis capitalistas,
Bandidos estrategistas
E idiotas trapaceiros.

Moreira de Acopiara

Cantei as esperas longas,
As travessias custosas,
As investidas frustradas,
As conversas acintosas,
Os amores apressados,
Os planos inacabados
E as demandas assombrosas.

Falei sobre homens valentes
E seus feitos principais,
Medicina no cangaço,
As mulheres, os casais...
Mas hoje vou me esforçar
No sentido de falar
Do cangaceiro Calais.

Por sinal, um cangaceiro
Muito pouco conhecido.
Por muito pouco esse homem
Não passou despercebido.
Não sei se por Virgulino,
Mas no mundo feminino
Sempre foi muito querido.

Ganhou fama de ser um
Cabra fogoso e bonito,
Um ganhador de dinheiro,
E ao mesmo tempo esquisito.
Muitas coisas aprontava,
O que, por certo, deixava
Mais de um companheiro aflito.

Gostava da solidão,
Era de poucos vizinhos.
Atrás de seus interesses
Andou por muitos caminhos,
Tinha medo de morrer,
Mas apreciava ser
Livre como os passarinhos.

Por outro lado, sofreu
Traição, fofoca e mentira.
Foi casado duas vezes,
Coisa que ainda admira,
E ao mesmo tempo engalana.
A primeira foi com Joana,
E a segunda, com Delmira.

Tudo estava muito bem,
Porém Joana faleceu.
O cangaceiro viúvo
De repente entristeceu.
Enfrentou perdas e danos,
E só depois de dois anos
Calais reapareceu.

E ele demonstrou que estava
Um pouco mais animado,
Mais alegre, até porque
Agora estava casado
Com Delmira, conhecida
Por ser forte e destemida,
Além de muito enfezada.

Mas Calais era jeitoso,
E com ela viveu bem,
Pois muitas vezes dizia:
"Delmira, sou seu neném".
Ele era bruto, brigava,
Mas, sempre que ela falava,
Ele só dizia "amém".

Por outro lado, Calais
Era um homem prevenido,
Muito supersticioso,
De muito aguçado ouvido,
Que muitos admiravam.
Uns até acreditavam
Que tinha um sexto sentido.

Achavam que Calais tinha
O poder de se envultar,
Ou de ficar invisível,
Ou mesmo de adivinhar.
Entre uma e outra espera,
Certo mesmo é que ele era
Estrategista invulgar.

Por outro lado, era ainda
Homem de elevada sorte;
Fugia na hora exata,
Buscava o melhor suporte,
Agia quando instigado,
Fugia quando acuado,
Nunca zombava da morte.

Com Lampião aprendeu
Estratégias importantes.
Andava sozinho, até
Para lugares distantes,
Não menosprezava as balas,
Economizava as falas,
Poupava passos errantes.

Por isso diziam que
Calais era feiticeiro,
Mas o certo é que esse cabra
Andando era o mais ligeiro,
Calculando era o mais certo,
Pensando era o mais esperto,
Ouvindo era o mais cabreiro.

Ele tinha tanta sorte
Que um dia se deparou
Com uma volante, e um soldado
De repente lhe apontou
Uma arma superpotente,
Ele olhou fixamente
E a arma não disparou.

Outra vez um homem que
Se dizia valentão
Quis enfrentá-lo de faca,
Mas sofreu decepção,
Pois o dito cujo, ao ver
Calais, danou-se a tremer,
E a arma caiu no chão.

Moreira de Acopiara

E foi assim muitas vezes
No Nordeste brasileiro.
Por isso é que muita gente
Dizia que o cangaceiro
Conhecido por Calais
Era na verdade o mais
Vigoroso feiticeiro.

Tudo, porém, não passava
De grande coincidência.
Ele era um homem que tinha
Aguçada inteligência,
Faro de desbravador,
Tino de bom caçador...
E exercitava a prudência.

Mas o mundo é grande e cheio
De relevantes perigos.
Por comum os cangaceiros
Faziam muitos amigos,
Mas inimigos também.
É desses que às vezes vêm
Desconfortantes castigos.

E o referido Calais,
Por mais atento que fosse,
Com todas as ilusões
Que a vida breve lhe trouxe,
Construiu uns inimigos,
Enfrentou muitos perigos
E também precipitou-se.

Lampião na trilha do cangaço

Passou a ser perseguido
Por perigosas volantes.
Esquivou-se o quanto pôde,
Portou-se melhor que antes,
Fez orações, se escondeu,
Mas não tardou e viveu
Momentos angustiantes.

E um dia, cansado e fraco,
No meio do sertão nu,
Calais procurava água
Na sombra de um pé de umbu,
E apareceu um soldado,
Perigoso e malcriado
Como praga de urubu.

Era um Teófilo Pires,
Muito bem acompanhado
Por outros bravos soldados,
Todos com muito cuidado
Para pegar o bandido,
Que estava muito entretido,
Esfomeado e cansado.

Ao se aproximar, Teófilo,
Cuidadoso, mas disposto,
Viu a posição do vento,
Entrou pelo lado oposto,
Descobriu o cangaceiro
E deu-lhe um tiro certeiro
Do lado esquerdo do rosto.

Moreira de Acopiara

O cangaceiro caiu,
Já se sentindo acabado,
Sangrando muito e sem forças,
Inerte, mas acordado.
Estremeceu, agitou-se,
E o soldado aproximou-se,
Porém com muito cuidado.

Foi direto se apossar
Dos despojos do vencido,
Mesmo percebendo que este
Não tinha ainda morrido.
Mas morreria depois,
Bem devagarzinho, pois
Estava muito ferido.

Vieram momentos de
Muito medo e pouca paz,
De longa espera, mas o
Bandido só foi capaz
De morrer quando o soldado
Guardou, com muito cuidado,
Todos os seus patuás.

Isso mesmo! O homem forte
Que viveu grandes paixões,
Desbravou muitas estradas
E distintas regiões,
Mesmo quando fraquejava
Cegamente acreditava
Em patuás e orações.

Mas no fim não valeu muito
Para o jovem cangaceiro
Morto violentamente,
Mas foi como feiticeiro
Das caatingas que o bandido
Calais ficou conhecido
No Nordeste brasileiro.

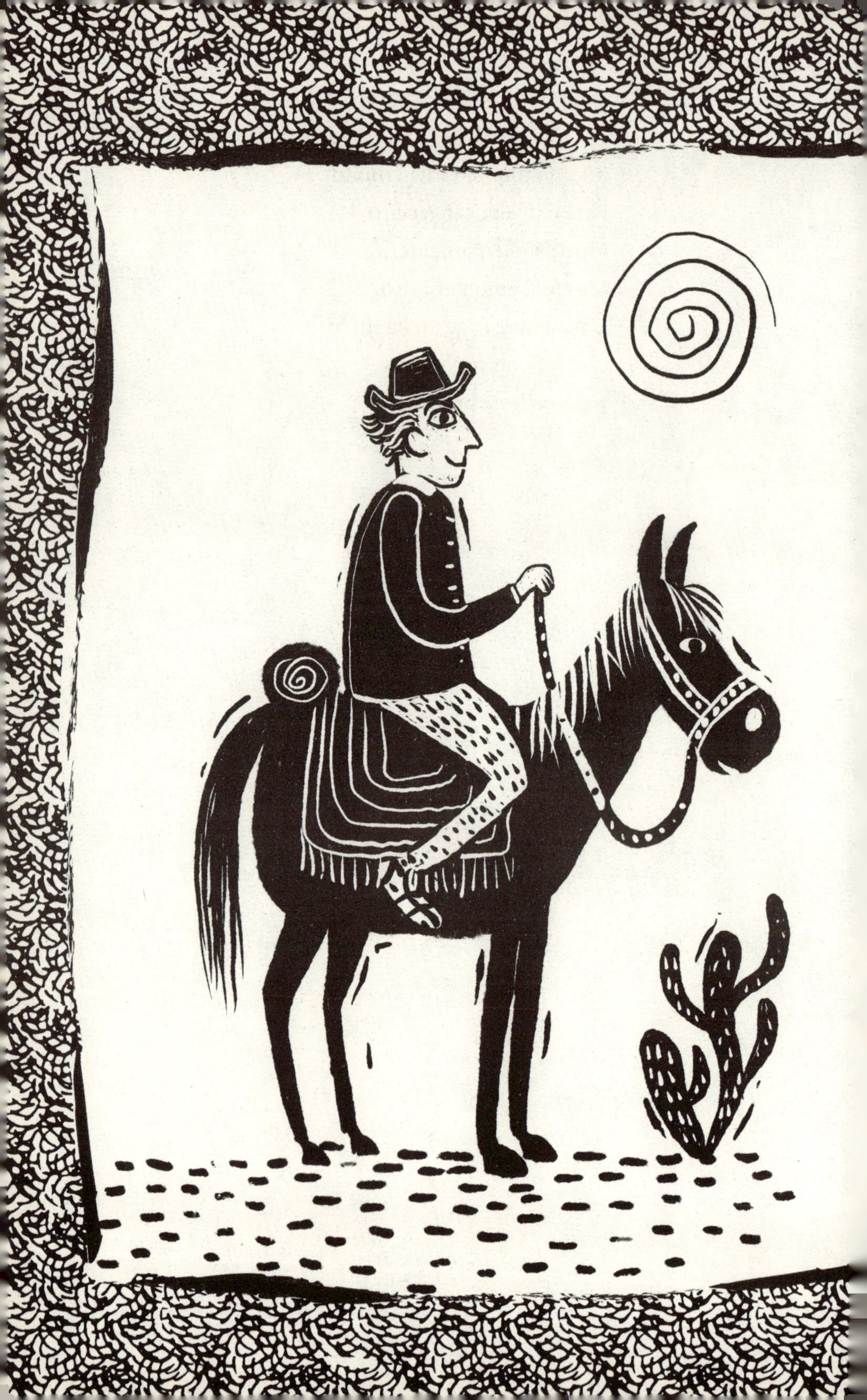

PRA TIRAR RAÇA

O cangaceiro Sabino
Caminhava certa vez
Por uma estrada acanhada
Ao lado de cinco ou seis
Outros brutos cangaceiros
Quando avistou nuns terreiros
Um coiteiro seu freguês.

Parou para descansar,
Tirar um pouco daquela
Fadiga tradicional,
Depois de molhar a goela…
Comeu, se refestelou,
E de repente avistou
O matador Zé Favela.

Moreira de Acopiara

Esse Zé era um sujeito
Que não era cangaceiro.
Andava a riba e a baixo,
Às vezes sem paradeiro,
Muito sorrateiramente
Manejando arma potente
A fim de ganhar dinheiro.

E ele percorria tudo
Quanto era vila e fazenda,
Executando serviços
Numa destreza estupenda.
Era um homem desasnado
Que andava pra todo lado
Matando por encomenda.

E, nessas idas e vindas
Pelo sertão nordestino,
O Zé Favela acabou
Cometendo um desatino
Peculiar e notório:
Assassinou o Gregório,
Um dos irmãos de Sabino.

Quando o bruto cangaceiro
Sabino ficou sabendo
De tal acontecimento,
Ficou muito padecendo
E bradou em alto som:
"Mas meu irmão era bom,
Merecia estar vivendo".

E ele ainda garantiu
Que, mais dia, menos dia,
Faria severas buscas
E ainda o encontraria
Em qualquer localidade,
E tendo oportunidade
Na certa se vingaria.

Entre muitos afazeres,
Sabino virou, mexeu,
Andou por muitos lugares
E até fingiu que esqueceu.
Zé Favela, apavorado,
Pendeu para outro lado,
Sentiu medo e se escondeu.

E o tempo, naturalmente,
No seu galope passou.
Sabino fez muitas coisas:
Negociou, assaltou,
Assassinou, foi além,
Mas não foi atrás de quem
Um dia lhe desgostou.

Mas o destino não poupa
Este, aquele nem aquela
E às vezes abre uma porta
Quando fecha uma janela.
É tanto que de repente
Sabino se viu na frente
Do matador Zé Favela,

Moreira de Acopiara

Que de repente ficou
Muito tenso e assustado,
Pois estava num momento
De lazer e desarmado.
Sabino o reconheceu
E depressa lhe ocorreu
Seu irmão e um bom passado.

Lembrou-se, então, das primeiras
Andanças pelo sertão,
Quando trabalharam juntos
Na fazenda do patrão,
Do que ensinou e aprendeu,
E o seu peito estremeceu,
Pois irmão é sempre irmão.

Irmão é uma das coisas
Que a gente jamais esquece.
Por um motivo ou por outro,
Às vezes desaparece;
Mas, mesmo estando distante,
Irmão é sempre importante,
Faz morada e permanece.

E para o bruto Sabino
Era este o sentimento
Penosamente vivido
Naquele grave momento.
Sentindo a alma ferida,
Viu a fúria desmedida
Tendo recrudescimento.

E abordou, sem cerimônia,
O sertanejo assassino,
Que era um homem grande, mas
Permaneceu pequenino
Naquele duro terreno,
Pra depois mostrar-se pleno
Na presença de Sabino,

Que o trouxe para o terreiro
E disse: "Cabra safado,
Você matou meu irmão,
Um homem considerado.
Vou dizer só uma vez:
Quem faz o que você fez
Comigo está desgraçado".

Sabino disse mais: "Não
Queira dar uma de forte,
De valente ou de ligeiro,
Nem apele para a sorte,
Pois comigo é linha dura,
E hoje para a sepultura
Vou preparar seu transporte".

Nesse momento, uma velha
Pôs a cara na janela
E suplicou: "Seu Sabino,
Por favor, tenha cautela.
Não demonstre retrocesso!
Humildemente lhe peço
Que não mate o Zé Favela".

Disse, ainda, a velha: "Nesta
Singela casa, o senhor
Foi sempre bem recebido,
Sempre lhe demos valor,
Tranquilidade e guarida,
Ou seja, boa comida
E amparo superior.

Não mate o homem, Sabino,
É um pedido que lhe faço.
Peço por Nossa Senhora,
Que é quem nos livra do laço
Cruel da barbaridade
E mostra tranquilidade
Nesse viver tão escasso".

Disse o Sabino: "Senhora,
Eu sou muito agradecido
Por tudo de bom que nesta
Casa tenho recebido.
Mas fique no seu lugar,
Que este cabra há de pagar
Pelo erro cometido".

Foi a vez do Zé Favela
Falar desembaraçado:
"Seu Sabino, realmente
Cometi grande pecado.
Mas eu já me arrependi,
Até porque descobri
Que acertei o alvo errado".

Sabino indagou depressa,
Com ares de inquisidor:
"Como errado, seu bandido?
Não seja provocador!"
Zé Favela respondeu:
"Pois é, seu Sabino, eu
Ia matar o senhor".

– Como assim, cabra safado?
Você endoidou de vez?
– Não, seu Sabino, o Manduca
Da Boa Esperança fez
Para mim boa proposta
E eu dei um sim por resposta,
Pois não quis ser descortês.

Isso mesmo! Seu Manduca
Me deu cinquenta mil réis
Pra eu matar o senhor,
E eu mataria por dez.
Mas prestei pouca atenção
E, ao avistar seu irmão,
Meti as mãos pelos pés.

Achei que fosse o senhor
E, estando já preparado,
Atirei. Depois notei
Que estava muito enganado.
E eu só não morri de tédio
Porque o que não tem remédio
Já está bem remediado.

Moreira de Acopiara

Sabino então interveio
E disse: "Coisa maluca!
Você é muito atrevido,
Pois falo e você retruca.
Mas vou lhe dar confiança:
Me leve à Boa Esperança
Do velho Joaquim Manduca".

Nisso interferiu a velha,
Debruçada na janela:
"Sabino, vai que na estrada
Sua fúria se revela,
Ou mais raiva vem à tona,
A harmonia desmorona
E é o fim do Zé Favela!"

O Zé falou: "Eu respeito
O pedido da senhora".
Depois olhou pro Sabino
E disse: "Vamos embora,
Que o tempo depressa corre,
E todo homem só morre
Quando chega a sua hora".

E prosseguiu: "Até hoje
Não dependi de ninguém.
Valorizo os companheiros,
Só dou valor a quem tem.
Como nada me apavora,
Tanto faz morrer agora
Como semana que vem".

Já no terreiro da casa
Do velho Joaquim Manduca,
Zé Favela disse: "Eu nunca
Meti a mão em cumbuca.
Seu Sabino, dê-me um 'rife'
Que eu mesmo mato o patife,
E o senhor se desencuca".

Disse mais o Zé Favela:
"E, se o senhor aceitar,
Eu caio na vida e faço
Tudo para me firmar
Na correta direção.
E prometo: o senhor não
Vai se decepcionar".

Sabino disse: "Não quero,
Vá respirar outros ares,
Desbravar outros caminhos,
Conhecer outros lugares.
Você matou meu irmão!
Eu não vou lhe dar perdão,
Mas rode nos calcanhares".

Zé Favela caiu fora,
Ligeiro, enquanto era cedo.
Os cabras se admiraram,
Sabino disse: "O segredo
De ter dispensado o Zé
Vivo é porque ele é
Um homem muito sem medo".

MOREIRA DE ACOPIARA

Botou fogo num cigarro,
Observou a fumaça
E disse: "Matar um homem
Como este não tem graça,
E o mundo se escandaliza.
O Zé Favela precisa
Viver muito e tirar raça".

O Zé Favela perdeu-se
Na poeira e na distância.
Sabino abrandou, chorou,
Diminuiu sua ânsia
E esqueceu aquela infuca.
Nesse ponto, o Zé Manduca
Tinha perdido a importância.

SABINO DAS ABÓBORAS

Muita gente já escutou
Muito sobre Virgulino
Ferreira da Silva, o grande
"Fora da lei" nordestino,
Ou seja, o rei do cangaço.
Mas nesse momento eu traço
Uns versos para Sabino.

Ou Sabino das Abóboras!
Homem de pausada voz,
Olho vivo, corpo esbelto,
Pé ligeiro e mão veloz,
Que não era analfabeto.
Digo o seu nome completo:
Sabino Gomes de Góis.

Moreira de Acopiara

Esse negócio de Abóboras
Era o nome do lugar
Onde Sabino nasceu,
Com o destino de brigar,
No município de Serra
Talhada, uma boa terra,
Um canto espetacular.

O nome do seu patrão
Era Marçal Florentino
Diniz. Coronel valente,
Também pai de Marcolino
Pereira Diniz, cantado
Num baião interpretado
Por outro bom nordestino.

Falo de Luiz Gonzaga,
Nosso maior cantador,
Que das coisas do Nordeste
Era grande defensor.
E ele compôs Xanduzinha,
Versos para uma mocinha
E sua história de amor.

Mas voltemos a Sabino,
Esse bravo cangaceiro,
Que percorreu boa parte
Do Nordeste brasileiro
Apavorando o sertão,
Ao lado de Lampião,
De quem foi bom companheiro.

Lampião na trilha do cangaço

Isso mesmo! Lampião
Sempre teve grande apreço
Por Sabino das Abóboras,
E tudo desde o começo
Da amizade dos dois,
Sendo que logo depois
Pagaram o mais alto preço.

Em muitos momentos graves
Sabino esteve presente.
Por exemplo, Lampião
Um dia ficou doente.
Quase que perdia o tino,
Mas o amigo Sabino
Apareceu de repente.

Isso foi quando o bandido
Lampião levou um tiro
No calcanhar e ficou
Sem conseguir dar um giro.
Foi Sabino quem chamou
O doutor que lhe tratou,
Coisa que muito admiro.

Isso foi em vinte e quatro,
Quando Lampião estava
Começando a caminhada
E aos poucos se projetava
No universo do cangaço,
Para se enforcar no laço
Perverso que o aguardava.

Moreira de Acopiara

Depois Lampião falou:
"Esse Sabino é idôneo".
Ele é valente e fiel
Como o meu irmão Antônio.
Não deixo para depois,
E vou fazer desses dois
O meu melhor patrimônio.

E fez mesmo! Tudo, tudo
Do jeitinho que queria.
Tanto que Antônio Ferreira
Fazia e acontecia,
Sem ter punição severa.
Mas ali Sabino era
Terceiro em hierarquia.

Sendo que o lugar primeiro
Pertencia a Virgulino;
Segundo: Antônio Ferreira,
Irmão também de Livino
E do jovem Ezequiel.
Mas o terceiro papel
Lampião deu a Sabino.

E ele vivia dizendo:
"No dia que eu me acabar,
Meu irmão Antônio deve
Assumir o meu lugar.
Porém se o cruel destino
Carregar nós dois, Sabino
É quem deve comandar".

Lampião na trilha do cangaço

No ano de vinte e seis,
Quando Lampião chegou
Com seu grupo em Juazeiro,
Porque o Padre convidou
(Ou Floro Bartolomeu),
Sabino compareceu,
Mas ele pouco falou.

Pois era super discreto,
Muito arredio e calado.
É tanto que estava sempre
Num canto mais reservado.
E no velho Cariri
Virou, mexeu, mas não se
Deixou ser fotografado.

Porém, quando Lampião
Foi receber a patente
De capitão, disse que
Seria conveniente,
Naquele exato momento,
Fazer Antônio sargento,
E Sabino um seu tenente.

Então Sabino passou
A ser a direita mão,
Junto com Antônio Ferreira,
Do valente Lampião.
Mil coisas aconteceram,
E os três juntos percorreram
O norte e o sul do sertão.

Moreira de Acopiara

Eu disse os três juntos, mas
Também toparam sozinhos
Situações duvidosas,
Pedras agudas e espinhos,
Serrotes mal-assombrados,
Rios desorientados
E tortuosos caminhos.

Em mil novecentos e
Vinte e sete, em Mossoró,
Lampião chegou disposto,
Mas ele não chegou só.
Houve luta colossal,
E a população local
Botou no bando sem dó.

E é claro que Lampião,
Que de brigar tinha o dom,
Ficou muito atarantado
Ou não achou muito bom.
Sem retrato e sem bilhete,
Perdeu o cabra Colchete,
Do grupo de Massilon.

Na confusão, Jararaca
Também tombou baleado.
Muito ferido, mas lúcido,
Foi logo capturado.
Sofreu grandes agonias
E, depois de uns quatro dias,
Findou sendo executado.

Sabino, que era bem vivo,
Articulado e ligeiro,
Disse para Lampião:
"Saiba que o bom cangaceiro
Nunca se precipitou".
O grupo então debandou
No rumo de Limoeiro.

Em Limoeiro do Norte,
No Ceará, meu estado,
Com dois dias de viagem,
O grupo chegou cansado.
Outra vez ali Sabino
Resmungou (como um menino)
Pra não ser fotografado.

Dali a malta partiu
Para o sul do Ceará,
Depois para o Pernambuco,
E aprontou muito por lá.
Foi uma peleja enorme,
Dores e perdas, conforme
Na sequência se verá.

É que os cangaceiros muito
Sofreram durante a vida.
Com certeza não tiveram
Existência tão florida.
Uns porque nunca quiseram,
Outros porque não tiveram
Orientação devida.

Moreira de Acopiara

Como exemplo, Lampião:
Repare que ele perdeu
O pai para a violência,
E em seguida a mãe morreu.
Depois, pisando outros chãos,
Perdeu três dos seus irmãos,
Não foi pouco o que sofreu.

E aconteceu desse jeito
Com a grande maioria
Desses homens violentos
E corajosos que um dia
Quiseram se rebelar
(Ou precisaram) e andar
Por tão tortuosa via.

Mas voltemos, outra vez,
A Sabino, um bruto afoito,
Que tombou desfalecido
No ano de vinte e oito.
Ali onde se encontrava,
No sul do Ceará, julgava
Que estava em seguro couto.

Mas estava vulnerável,
E no velho Cariri,
Bem na fazenda Piçarra,
Município de Jati,
Houve grande tiroteio,
Causando muito aperreio
Nos habitantes dali.

LAMPIÃO NA TRILHA DO CANGAÇO

É que uma volante estava
Perseguindo os cangaceiros,
Muito afoita, e por aqueles
Interessantes roteiros.
Quando o encontro se deu,
Sem demora aconteceu
Troca de tiros certeiros.

E, num descuido, Sabino
Foi gravemente ferido
Na região do abdome,
Soltou discreto gemido,
Sangrou muito, pelejou,
E em seguida constatou
Que tudo estava perdido.

Muito corajoso, assim
Que viu que não tinha jeito,
Chamou Lampião e disse:
"Eu ficarei satisfeito
Se você, que eu admiro,
Disparar certeiro tiro
Sobre o meu cansado peito".

Disse mais o corajoso
Sabino: "Estou acabado!
Livrem-se de mim, depressa.
Meu destino está traçado.
Tratem de se proteger,
Que aqui não desejo ser
Pra vocês fardo pesado".

Moreira de Acopiara

Disse Lampião: "Não posso
Executar um amigo.
Isso para mim seria
Terrificante castigo".
Mergulhão, que estava perto,
Olhou e disse: "Está certo,
Deixe a tarefa comigo".

Sabino se ajoelhou,
Proferiu breve oração,
Pôs um pano na cabeça
Para tapar a visão,
Disse adeus a Virgulino
E declarou: "Meu destino
Eu entrego a Mergulhão".

Um tiro foi disparado,
E Sabino se finou.
Lampião, seu grande amigo,
Saiu de perto e chorou.
Entre muitos desenganos,
Depois de mais de dez anos,
O cangaço se acabou.

Lampião mesmo caiu
Às margens do São Francisco
Em julho de trinta e oito,
Mesmo sendo muito arisco.
Do cangaço o fim se deu
Quando em quarenta morreu
O cangaceiro Corisco.

Lampião na trilha do cangaço

Depois dele, mais ninguém
Se destacou no cangaço.
Ficou somente uma história
De sonho, dor e fracasso
E de uma viagem inglória.
Essa fascinante história
Tem as marcas do meu traço.

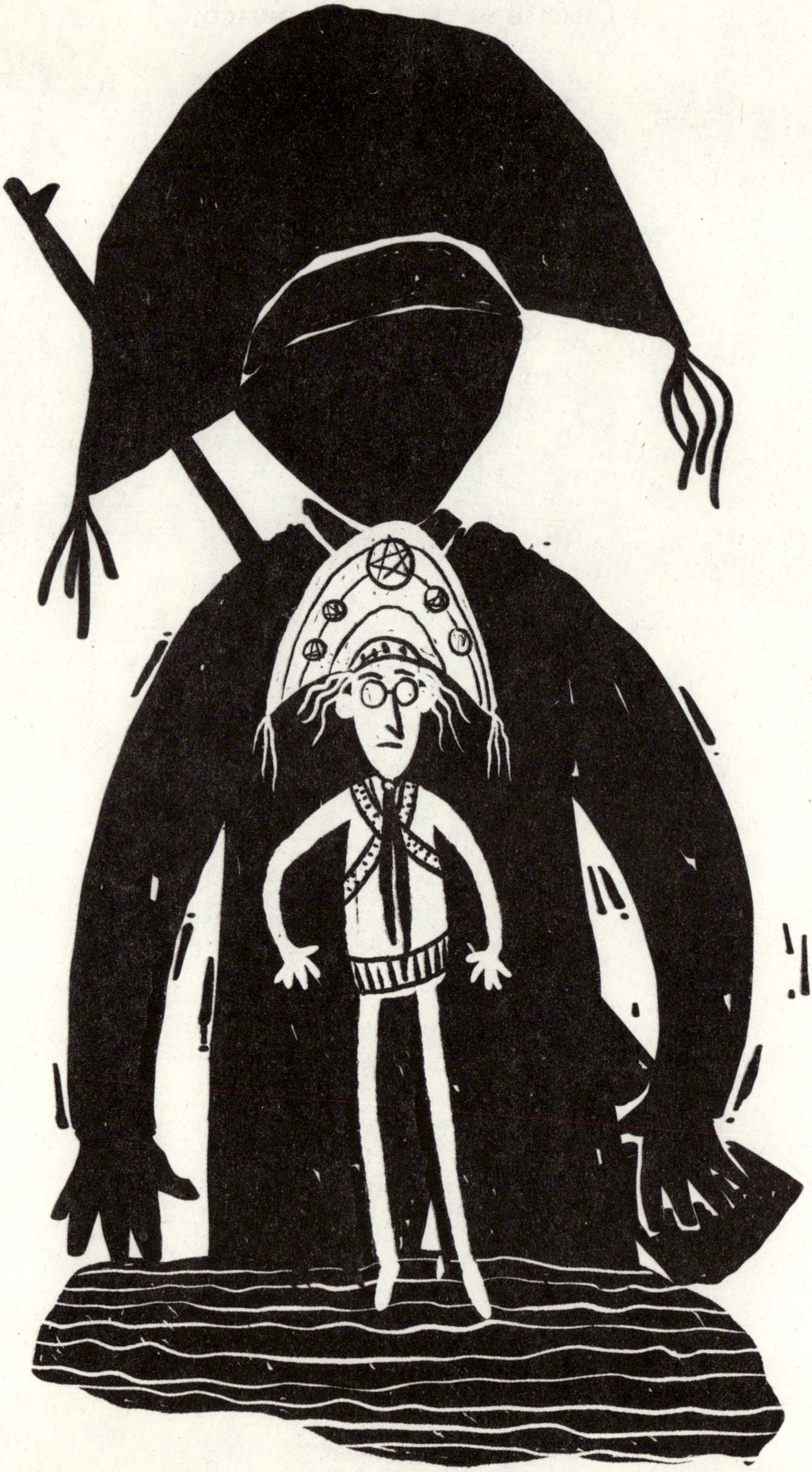

O TRÁGICO ASSASSINATO DO MALDOSO ZÉ NOGUEIRA

Outro inimigo ferrenho
De Virgulino Ferreira
Da Silva foi um sujeito
Mau, de nome Zé Nogueira.
Cunhado de Saturnino,
Atanazou Virgulino
E sua família inteira.

Inclusive Virgulino,
O popular Lampião,
Propalava aos quatro ventos
Que sua desilusão
Se deu por causa de Zé,
Um elemento ralé,
De muito mau coração.

Moreira de Acopiara

Virgulino nunca teve
Muita sorte com os Josés.
Acho que, durante a vida,
Esbarrou em mais de dez,
Que muito o infernizaram.
Todos eles se tornaram
Seus inimigos cruéis.

Mas Lampião não matou
Nenhum e achou uma pena.
Não matou Zé Saturnino
Nem deu fim a Zé Lucena;
Achou ser fraco evangelho.
Pra ele, matar um velho
Era atitude pequena.

Outros grandes inimigos,
Ou seja, grandes venenos
Para Lampião ali
Eram uns tais de Nazarenos.
Amigos de Zé Nogueira,
Fizeram muita besteira
Naqueles mesmos terrenos.

Nesse sentido, o maior
Desejo de Virgulino
Era matar Zé Nogueira
E extinguir Zé Saturnino
E o volante Zé Lucena,
Soldado de alma pequena
E um coração de assassino.

Na direção desses três,
Não teve mira certeira.
Abriu mão de Saturnino...
Já o velho Zé Nogueira,
Que só desgosto lhe deu,
Quem o matou foi o seu
Irmão Antônio Ferreira.

Esse irmão de Lampião,
Um sujeito prepotente,
Assassinou Zé Nogueira,
A meu ver, covardemente.
Muito se precipitou,
E acho até que desonrou
Sua futura patente.

Isso mesmo. Um mês depois
Desse lamentoso evento,
Em Juazeiro do Norte
Não houve constrangimento.
Chegou como cangaceiro,
Mas saiu de Juazeiro
Como primeiro-sargento.

Falando de Zé Lucena,
Foi grande a decepção.
Ao lado de João Bezerra,
Sua contribuição
Foi forte e foi criativa
Na batalha decisiva
Que vitimou Lampião.

Moreira de Acopiara

Esse episódio final
Se deu quase vinte anos
Depois daqueles primeiros
E marcantes desenganos
Que abalaram Virgulino,
Que mudaram o seu destino,
Depois de terríveis danos.

Mas quero, a partir de agora,
Gastar minhas energias
E o meu verso justo para
Mencionar as agonias
Maiores do Zé Nogueira,
Sua vida passageira
E seus derradeiros dias.

O Zé Nogueira vivia
Num lugar muito tranquilo:
Uma bonita fazenda,
De peculiar estilo,
De nome Serra Vermelha.
Ainda me esquenta a orelha
Quando me lembro daquilo.

Ele ali criava uns bodes,
Tinha um gadinho de corte,
Umas vaquinhas de leite
Que lhe davam bom suporte,
E que ele muito zelava.
Enfim, o Zé se julgava
Um sertanejo de sorte.

Lampião na trilha do cangaço

Mas às vezes se lembrava
Do cunhado Saturnino
E das maldades que junto
Com ele, desde menino,
Fizera diversas vezes,
E durante muitos meses,
Contra o jovem Virgulino.

Achava até que o agora
Lampião tinha esquecido
Todas aquelas maldades,
Ou todo aquele ocorrido
Seis ou sete anos atrás
E que um período de paz
Estava estabelecido.

Mas não estava, e um dia,
No ano de vinte e seis,
Num fevereiro chuvoso,
Veja o bandido o que fez:
Coçando a larga cernelha,
Entrou na Serra Vermelha
Com raiva, a primeira vez.

O Zé Nogueira, naqueles
Momentos angustiosos,
Estava com muito medo
Do grupo dos revoltosos,
Algo que ainda repuna.
Era uma tal de Coluna
Prestes, de homens capciosos.

Moreira de Acopiara

E ele há poucos dias tinha
Sido dali arrancado
Para ciceronear
O grupo naquele estado.
Ainda bem que, com três dias
De compridas travessias,
Nogueira foi liberado.

Voltou pra casa, porém
Achou melhor se esconder,
Com medo de que a Coluna
Pudesse retroceder,
O que não aconteceu.
Assustado, se escondeu,
Tentando se proteger.

Lampião vinha com o grupo,
Fugindo de um tiroteio,
Onde pôde concluir
Que o negócio estava feio.
Correu feito uma serpente,
Com cuidado, e de repente
Se inseriu naquele meio.

Ou seja, quando deu fé,
Estava no pé da Serra
Vermelha, a linda fazenda,
Ou larga faixa de terra
Pertencente ao Zé Nogueira.
Ao ver aquela fronteira,
Resolveu declarar guerra.

Antônio Ferreira, um homem
De atitudes insensatas,
Na fuga tinha perdido
O chapéu e as alpercatas,
Ou seja, estava descalço,
Andando pisando em falso,
Com passadas inexatas.

Mas, ao chegar no terreiro
Da casa grande do Zé
Nogueira, uma mulher jovem
Ficou de cabelo em pé,
Muito assustada que estava,
E indagou um tanto brava,
Na defensiva: "Quem é?"

Lampião, estrategista
Que era, e um dos mais plenos,
Respondeu: "Fique tranquila,
Nós somos dos Nazarenos.
Para ver o Zé Nogueira,
Demos comprida carreira
Cruzando brutos terrenos".

A moça, depois de ver
Seus argumentos perdidos,
Pensou: "Se são Nazarenos,
Do Nogueira conhecidos,
Vou já chamar o patrão.
Sei que esses homens serão
Por ele bem recebidos".

Moreira de Acopiara

Disse Lampião: "Mocinha,
Revele onde está aquele
Que eu conheço há muitos anos
E já trabalhei com ele,
Num tempo não tão distante.
Tenho um assunto importante,
De muito interesse dele".

A mocinha foi correndo
Dar o recado ao patrão,
Que veio depressa como
Quem recebe indagação
E precisa dar respostas.
Mas quase caiu de costas
Quando avistou Lampião.

Quando o cangaceiro o viu,
Lembrou os tempos de outrora,
Olhou na cara do Zé
Nogueira e disse: "E agora?"
Zé Nogueira estremeceu
Outra vez e respondeu:
"Só mesmo Nossa Senhora".

Aquela resposta humilde
Fez Lampião recuar.
E ele mudou a conversa,
Depois resolveu olhar
A paisagem verdejante,
O dia já declinante
E as belezas do lugar.

LAMPIÃO NA TRILHA DO CANGAÇO

Percebeu que o Zé Nogueira
Estava abatido, torto,
Muito magro, escaveirado,
Num completo desconforto,
Caminhando lentamente,
Sem reação, diferente,
Ou seja, já quase morto.

E, em vez de assassiná-lo,
Como estava programado,
Puxou cadeira e sentou-se
Descontraído ao seu lado,
De forma muito amistosa,
E esticou certeira prosa
A respeito do passado.

Antônio Ferreira, que
Via tudo atentamente,
Porque também se sentou
Trombudo e um pouco à frente,
Depressa se inquietou.
Melhor dizendo, mostrou
Estar muito descontente.

O certo é que Lampião,
Mesmo depois do abalo
De ver o velho inimigo,
De magoar duro calo,
Ao vê-lo sem condição
Repensou a posição
E resolveu não matá-lo.

Moreira de Acopiara

Sendo que, se ele quisesse,
Facilmente o mataria.
Mas não matou, pois achou
Que muito melhor faria
Deixando o Nogueira vivo,
Pesaroso e com motivo
Para morrer todo dia.

Levantou-se e foi saindo,
Mas nisso Antônio Ferreira,
Que observava inquieto,
Levantou-se da cadeira,
Determinado e sutil,
E apontou o seu fuzil
No rumo do Zé Nogueira.

E o matou sem piedade,
Deixando o chefe absorto
Em tristes recordações.
E, em completo desconforto,
Disse: "Ô, Antônio Ferreira,
Você fez grande besteira,
Pois matou um homem morto".

Disse Antônio: "Meu irmão,
Não me venha com bravatas.
Este maldito foi uma
Das pessoas mais ingratas
Que o nosso pai conheceu".
E apoderou-se do seu
Chapéu e das alpercatas.

LAMPIÃO CHOROU

Lampião foi muito forte,
Como aqui já se provou.
Não foram poucas as grandes
Batalhas que ele enfrentou
E as aflições desmedidas.
Mas, nessas diversas idas
E vindas, também chorou.

Chorou como todo homem
Que tem sensibilidade,
Ama, sofre, sobe e desce,
Planeja, sente saudade,
Ganha aplausos, perde amigos,
Sabe dos muitos perigos
E encara a realidade.

MOREIRA DE ACOPIARA

Lampião era do tipo
Que dormia de olho aberto,
Comia o que conseguia,
Ou só quando dava certo,
Prestava atenção no povo,
E só não morreu mais novo
Por ser um sujeito esperto

E muito determinado,
Como a um bom líder convém.
Tinha um coração trancado,
Como muita gente tem,
Era disposto e seguro,
Mas o seu coração duro
Amolecia também.

E amoleceu muitas vezes!
Principalmente no dia
Em que, se sentindo triste,
No interior da Bahia,
Querendo fugir do caos,
Parou e entregou-se aos
Caprichos de uma Maria.

Foi no ano mil novecentos
E vinte e nove esse feito.
Maria de Déa achou
Que estava muito direito,
Ele achou melhor ainda
E disse: "Seja bem-vinda!"
E suspirou satisfeito.

Mas não chorou dessa vez!
Se chorou, foi de emoção
Por ter encontrado aquela
Que lhe deu toda a atenção,
Largou marido pra trás
E a companhia dos pais,
Tudo em nome da paixão.

E, durante nove anos,
Ou talvez um pouco menos,
Entre caminhadas longas,
Irregulares terrenos
E delicados assuntos,
Os dois caminharam juntos,
Apaixonados e plenos.

Não sei se ele ao lado dela
Chorou ou se os dois sofreram.
Certeza mesmo é que muito
Se amaram, bem se entenderam,
Trocaram muitos carinhos,
Trilharam muitos caminhos
E juntos também morreram.

Nessa hora tão mesquinha,
No meio da natureza,
Os dois não tiveram tempo
De chorar, tenho certeza,
Porque era grande a agonia.
Mas qualquer um choraria
Diante de tanta tristeza.

Mas, no decorrer dos seus
Longos anos de cangaço,
Entre uma luta, uma fuga,
Uma vitória, um fracasso
E inimigos descorteses,
Chorou muito, várias vezes,
Mas sem tanto estardalhaço.

Pois não foram poucos os
Motivos para chorar.
Só não chorou mais porque
Procurou se segurar.
E às vezes, mesmo ferido,
Se chorasse, era escondido,
Pra ninguém desconfiar.

Chorou quando precisou
Deixar a sua Passagem
De Pedras e empreender
Indefinida viagem,
Levando apenas pobreza,
Ódio, saudade e tristeza
Na tão minguada bagagem.

Quando a mãe morreu, depois
De mágoa, dor e desgosto,
Comprida lágrima rolou
Sobre o seu marcado rosto.
Não foi pouco o que sofreu,
Mas se restabeleceu
E seguiu forte e disposto.

Chorou novamente quando,
Numa atitude pequena,
A volante do perverso
Tenente José Lucena
Matou seu pai, Zé Ferreira,
Uma conduta rasteira
E uma lamentável cena.

O certo é que, em menos de
Trinta dias, Lampião
Perdeu a mãe e o pai,
E em grande desolação
Parou, pensou e chorou.
Mais uma vez precisou
De força e consolação.

De repente notou que
Não seria consolado.
Então chorou muito vendo
Seu destino ameaçado,
A classe pobre sofrendo
E a justiça protegendo
Somente o mais abastado.

Foi quando ele disse a frase
Que me faz estremecer:
"Quem for forte me acompanhe!
Quem não for, é bom saber
Algo muito interessante.
É isto: de agora em diante,
Vou matar até morrer".

Moreira de Acopiara

Ele estava muito triste,
Tinha o coração partido;
Lembrou-se de Saturnino,
Homem bruto e conhecido,
Mau, cruel, desagradável
E o principal responsável
Por ter virado um bandido.

Chorou novamente o forte
Cangaceiro Virgulino
Quando uma volante afoita
Matou seu irmão Livino.
Esse profundo tropeço
Sinalizou o começo
Do seu grande desatino.

Mas Lampião era forte,
E um forte jamais desanda;
Então ergueu a cabeça,
Analisou a demanda,
Teve calma e paciência,
Pensou na sobrevivência,
Depois disse: "A fila anda".

E andou mesmo! Lampião
Ainda teve alguns anos
De muitas andanças para
Fazer e refazer planos,
Escrever longas histórias,
Falar de lutas inglórias
E lamentar desenganos.

E outra vez ele chorou
Quando o parceiro Luiz
Pedro acabou com Antônio,
Num lance muito infeliz.
Lampião o perdoou,
Pois Luiz Pedro falou:
"Não o matei porque quis".

Ficou comprovado que
Tinha sido um acidente,
Que Luiz Pedro e Antônio
Ferreira, imprudentemente,
Manipulavam um fuzil.
E assim, de modo sutil,
Morreu um homem inocente.

Luiz Pedro, ao se sentir
Por Lampião perdoado,
Declarou: "Chefe, se um dia
O senhor for atacado,
E se vier a sofrer,
Ou mesmo quando morrer,
Eu estarei ao seu lado".

E esteve mesmo. Um sujeito,
Quando é honesto, se apressa
E faz o que prometeu,
Não vacila nem se estressa.
No Angico ele chegou
A escapar, mas regressou
Para cumprir a promessa.

Moreira de Acopiara

Voltando ao choro do chefe,
Outra vez ele sofreu
A ponto de chorar muito
Quando Ezequiel morreu.
Perdeu o terceiro irmão...
E outra vez o Capitão
Do sertão estremeceu.

Ezequiel era jovem,
Tinha pouca experiência
E fatalmente caiu
Nas garras da violência
Da volante do tenente
Arsênio, um homem valente
E cruel por excelência.

Quando morreu seu cunhado
Virgínio, um dos importantes,
Lampião viveu de novo
Momentos angustiantes.
Sinalizando respeito,
Pôs o chapéu sobre o peito
Com olhos lacrimejantes.

Mas o choro mais sentido
E longo de Virgulino
Aconteceu quando ele
Topou José Saturnino,
Homem de pequena estrela,
Mas o responsável pela
Mudança do seu destino.

Assim que avistou José,
Pensou "Ele morre agora!",
Mas lembrou-se do pedido
Feito por uma senhora
Que era a mãe de Saturnino:
"Filho, poupe o meu menino,
Por Deus e Nossa Senhora".

Era a velha dona Xandra,
Mãe de José Saturnino,
Mulher muito respeitada,
Madrinha de Virgulino,
Que, ao escutar o pedido,
Recuou estremecido
E chorou feito um menino.

Deu as costas e saiu,
Não sei aonde ele foi.
À velha pediu a bênção
E disse, ainda: "Perdoe..."
Dona Xandra o contemplou
Emocionada e falou
Apenas: "Deus abençoe".

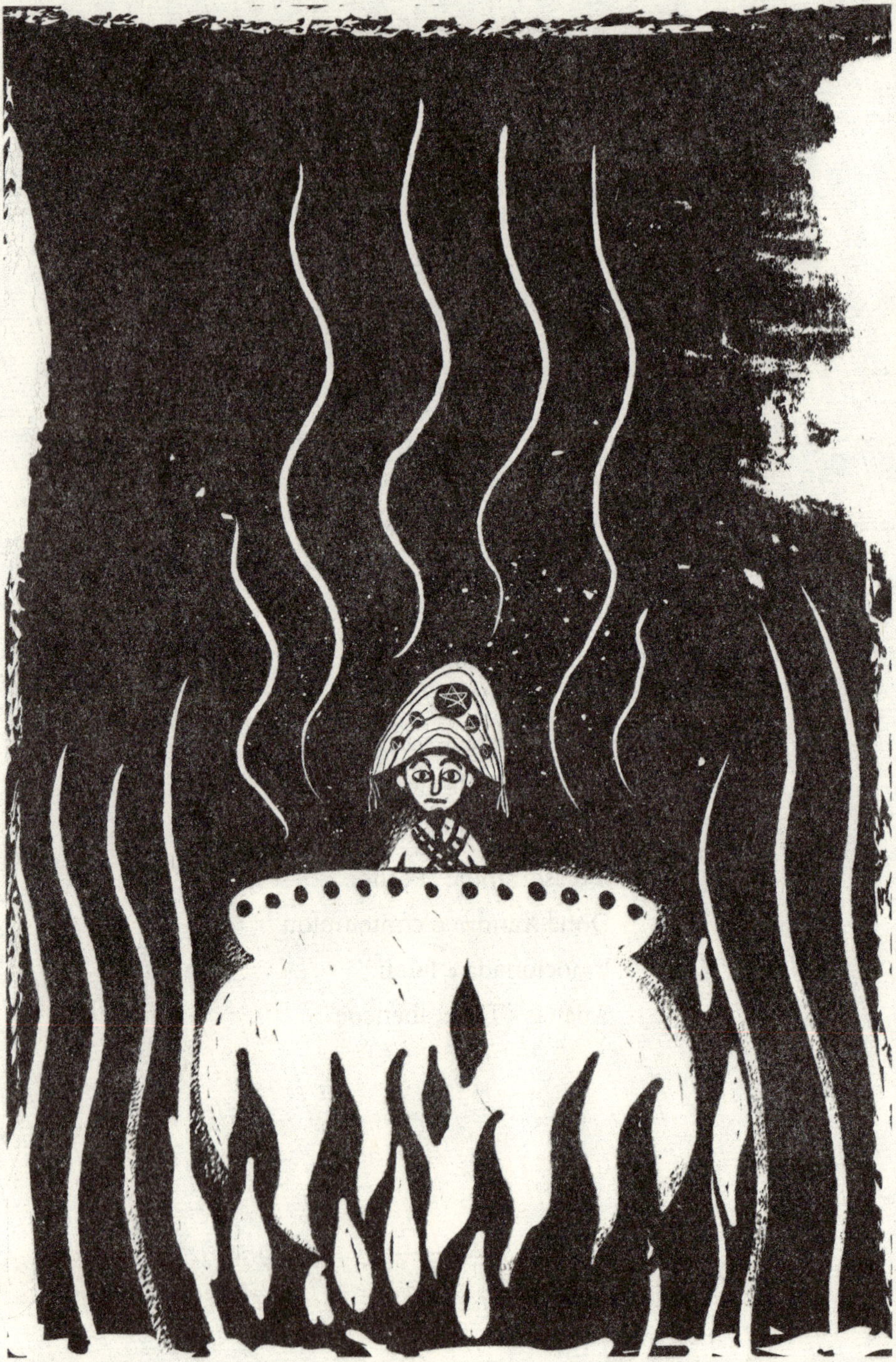

LAMPIÃO ABSOLVIDO

Reencontrei um amigo,
Por sinal um veterano,
Conversador, destemido,
Descendente de cigano,
Morador em Cabrobó,
No sertão pernambucano.

Contou-me esse amigo que
Teve um dia um passamento
E conheceu outros mundos
Numa questão de momento;
Que por onde passou viu
Sempre grande movimento.

Desse passamento seu
Ele disse estar lembrado
De que bateu no Inferno
E lá viu, em mau estado,
Um cabra de Lampião
De nome Pilão Deitado.

Moreira de Acopiara

E por mais de duas horas
Dialogou com Pilão
Sobre os acontecimentos
Ocorridos no sertão
Entre vinte e trinta e oito,
Acerca de Lampião.

Disse esse amigo que achou
O cabra Pilão Deitado
Padecendo nas caldeiras
A mil anos condenado,
Mas que Lampião já tinha
Sido dali retirado.

Que purgado tinha sido
Pouco tempo no Inferno,
Que o tempo total de purga
Durou somente um inverno,
E que agora estava em paz
Ao lado do Pai Eterno.

Confessou-me, ainda, esse
Elemento meu amigo
Que ouviu de Pilão Deitado,
Naquele grande castigo,
Que Lampião não deixara
Ali nenhum inimigo.

Garantiu que o julgamento
De Lampião foi assim:
Deus escutou um boato
De que ele não foi ruim,
E disse: "Se for verdade,
O quero perto de mim.

Vou mandar interrogá-lo,
Pois, pelo que estou sabendo,
Foi ele um injustiçado
E não o quero sofrendo.
Se me provar que foi justo,
Virá para cá, correndo".

E Deus mandou um dos anjos,
No qual muito confiava,
Sabatinar Lampião
Pra ver o que se passava
Com o líder do cangaço,
No qual muito se falava.

E indagou o anjo: "Tu
Foste um grande cangaceiro?
No sertão onde atuaste,
Foste mesmo bandoleiro
Ou fizeste aquilo tudo
Por seres mau e arengueiro?".

Lampião respondeu: "Não!
Eu sempre gostei de missa!
Mas, ainda muito jovem,
Necessitei da Justiça.
Só que eu era um homem pobre,
E ela me foi muito omissa.

Na terra na qual nasci,
Muito contente eu vivia
Com meus pais e meus irmãos,
Mas, quando foi certo dia,
Uns elementos roubaram
O que a gente possuía.

MOREIRA DE ACOPIARA

Até então eu levava
Uma vidinha tranquila,
Sempre de casa pra roça,
Sem encrenca, sem quizila,
E aos domingos inda ia
Olhar a feira na Vila.

Eu nessa época nem
Pensava em ser cangaceiro.
Mas, vendo a Justiça falha,
Apesar de ser ordeiro,
Eu me senti obrigado
A me tornar justiceiro.

Primeiro, vendo a desgraça,
Fiquei de cabeça tonta.
Então resolvi fazer
Justiça por minha conta
E assassinei aquela
Gentinha de pouca monta.

Aí foi quando a Justiça
Rebelou-se contra mim;
Não ouviu meus argumentos,
Disse que eu era ruim,
E os poderosos se uniram
Desejando ver meu fim.

E, diante desse dilema,
Precisei me defender
E me escondi dos macacos,
Pois gostava de viver.
Só que, dali para a frente,
Era matar ou morrer".

Lampião prosseguiu com
Inteligentes respostas:
"Diga ao bom Deus que não fui
Homem de feias propostas,
Não desrespeitei mulheres
E nem matei pelas costas.

Afirmo e posso provar:
Lutei muito por mudança!
Mas, sem obter resposta,
Perdi de vez a esperança.
Mesmo assim, respeitei sempre
Velho, mulher e criança.

Garanto que nesses três
Jamais encostei a mão.
Por outro lado, fui fã
Do Padre Cícero Romão,
Um bom pastor que gostava
De me ouvir em confissão.

Esse tão correto padre
Foi meu bondoso padrinho!
Com ele em meu coração,
Não me sentia sozinho.
E mais! Só ele deixava
Suportável meu caminho.

Meu ódio mortal foi contra
Grandes latifundiários,
Detratores dos direitos,
Perversos e mercenários,
Coronéis embrutecidos
E malditos sanguinários.

MOREIRA DE ACOPIARA

E foi assim que embarquei
Nessa viagem sem volta,
Sabendo que essa cadeia,
Quando prende, não mais solta.
Mas, contra injustiças grandes,
Qualquer homem se revolta.

Porém quem enfrenta os grandes
Com certeza se destrói.
Por isso eu me destruí,
E é isso o que mais me dói.
Para alguns eu fui bandido,
Mas, pra muitos, fui herói.

Acho que não ser covarde
Foi minha grande virtude.
E, embora tenha perdido
A liberdade e a saúde,
Não pude mudar o mundo,
Mas resisti o que pude.

Não fui rebelde querendo,
Não merecia castigo.
Com quem comigo era bom
Eu era bom e amigo.
Infelizmente o destino
Foi muito cruel comigo".

Terminada a sabatina,
O anjo disse: "No Céu
Tem sempre um bom lugar para
Quem não considero réu.
Você deve me seguir,
Protegido por um véu".

Nesse ponto, Lúcifer
Apareceu no salão
E disse: "É sob protesto
Que libero Lampião!
Aqui sempre tem lugar
Especial pra ladrão.

Se ele aqui permanecesse,
Ia ganhar um emprego
Através de ato secreto,
Para, em completo sossego,
Receber sem trabalhar,
Só para ser meu pelego".

Quem me contou isso tudo
Foi um bom pernambucano,
Natural de Cabrobó,
Competente e veterano,
Um elemento agradável,
Descendente de cigano.

Você pode acreditar,
Mesmo sem provas cabais.
Se não, visite o Inferno,
Fale lá com Satanás,
Faça o melhor que puder,
Fale com quem bem quiser,
E não se discute mais.

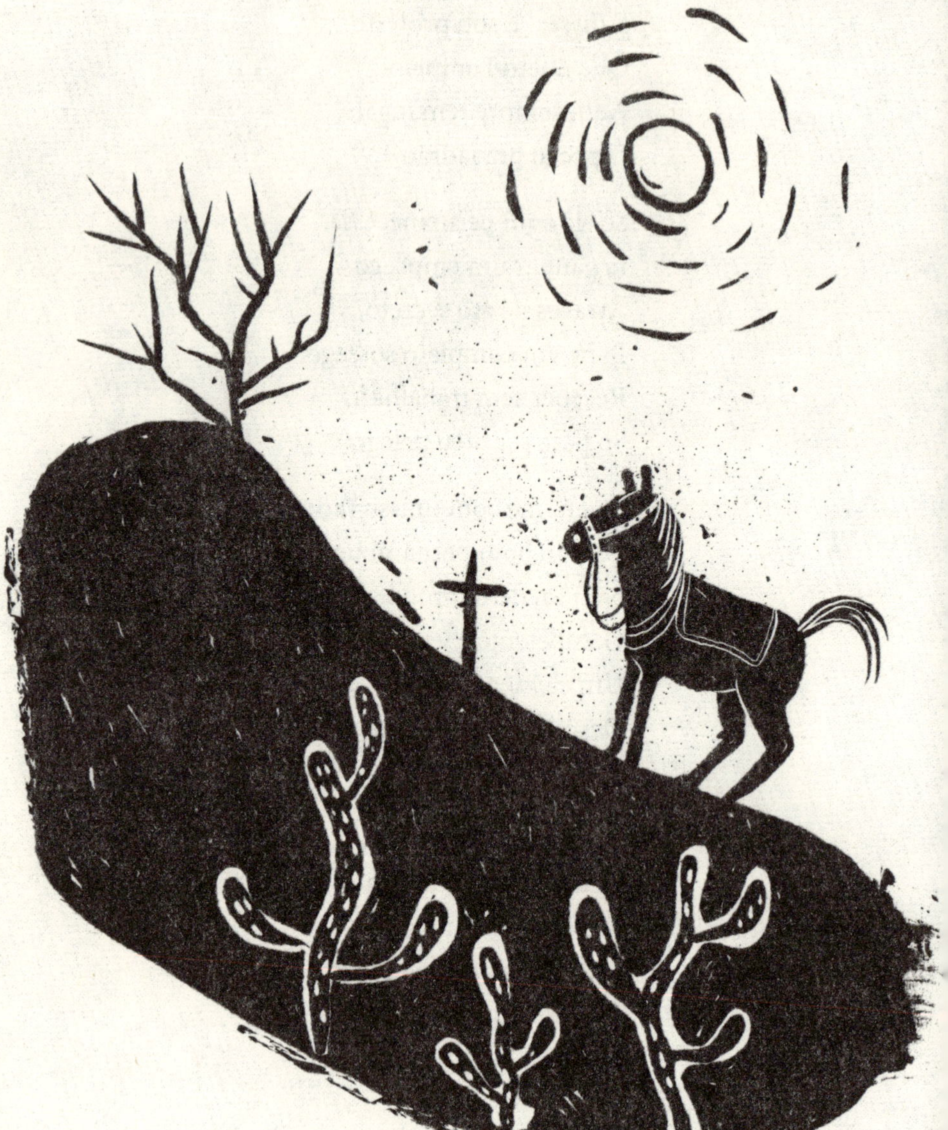

O REI TOMBOU

E o Rei tombou, porque Rei
É humano e também tomba.
O tempo é sábio, não corre
Além nem aquém, não zomba
Nem apela para a sorte,
Nem quando a sombra da morte
Resolve mostrar a tromba.

E a tromba da morte é grande,
Regular e eficiente.
Desde o começo do mundo,
Vive perseguindo gente,
Rios, plantas, animais,
Estrelas… e tudo o mais
Que estiver na sua frente.

Moreira de Acopiara

Foi assim com Lampião,
Homem que se destacou
Como grande estrategista
E no cangaço brilhou.
Mesmo sendo experiente,
Se acabou precocemente,
Conforme a história contou.

Em mil novecentos e
Vinte e oito, Lampião
Decidiu que ampliaria
Seu campo de atuação.
E conquistou outro estado,
Porque já estava cansado
De tanta perseguição.

Convocou os companheiros,
Cada qual o mais arisco,
E, como frágeis ovelhas
Atrás de seguro aprisco,
Riscaram o mapa e andaram
Dispostos e atravessaram
O gigante São Francisco.

Era dia vinte e um
De agosto de vinte e oito,
E Lampião, um sujeito
Manipulador e afoito,
Botou os pés na Bahia,
Certo de que encontraria
Um mais confiável couto.

Ao seu lado, os cangaceiros
Mariano, Ezequiel,
Mais Mergulhão e Virgínio,
Que bem cumpriu seu papel,
Com Luiz Pedro, um sujeito
Articulado, insuspeito
Disposto, bruto e fiel.

Havia mais homens de
Comprovada valentia
Ao lado de Lampião
Nessa longa travessia,
Calculando cada passo,
Querendo ocupar espaço
Na região da Bahia.

E ali chegaram cansados,
Famintos, quase desnudos,
E em Curaçá e Canché
Fizeram breves estudos,
Relaxaram, descansaram,
E em seguida endireitaram
Na direção de Canudos.

Os seus embornais estavam
Recheados de dinheiro.
E o interessante é que
Usaram o mesmo roteiro,
Tiveram o mesmo cuidado
No caminho antes trilhado
Por Antônio Conselheiro.

Moreira de Acopiara

Outra coisa interessante
É que tanto Lampião
Quanto Antônio Conselheiro
Davam total atenção
Às armas que utilizavam,
Mas também acreditavam
No poder da oração.

Sobre Antônio Conselheiro
Eu falarei outro dia,
Uma vez que é muito rica
A sua biografia,
E foi mais um visionário
Que construiu seu calvário
Na região da Bahia.

Por enquanto, o foco é
Lampião, rei do cangaço,
Que, em tão lindo território,
Quis conquistar seu espaço.
E conquistou a Bahia,
Sem saber que cairia
No mais perigoso laço.

Pois foi ali que encontrou
A sua maior desdita;
Mas antes, em vinte e nove,
Ao fazer uma visita
A Paulo Afonso, seria
Apresentado a Maria
De Déa, moça bonita.

Lampião na trilha do cangaço

Era uma baiana que
Muitas qualidades tinha.
Lampião estremeceu,
Pensando nele ela vinha,
Foi traçado um lindo traço,
E no mundo do cangaço
Ela tornou-se rainha.

A partir de então, algumas
Outras mulheres chegaram,
Aos poucos, discretamente,
Ao grupo se incorporaram,
Vivenciaram paixões...
O certo é que as condições
Daquele grupo mudaram.

Os homens se organizaram,
Ficaram um pouco mais quietos,
Mais limpos, mais sedentários,
Mais manhosos, mais discretos,
Mais jeitosos, mais prudentes,
Mais amorosos, mais crentes,
E acho até que mais completos.

Maria de Déa sempre
Arquitetava bons planos,
E ao lado de Lampião
Viveu oito breves anos
Entre fugas, correrias,
Desconfortos, alegrias,
Vitórias e desenganos.

Moreira de Acopiara

E o desengano maior,
Que me causa ainda arrepio,
Se deu em Poço Redondo,
Do outro lado do rio,
Num lugar chamado Grota
De Angicos, onde se nota
Ainda um clima sombrio.

Corria mil novecentos
E trinta e oito. O cangaço
Já não estava tão forte,
Ou tinha perdido espaço
E abusava os brasileiros.
O certo é que os cangaceiros
Davam sinais de cansaço.

Então Lampião, depois
De inquietações e fuxicos,
Acoitou-se num lugar
Chamado Grota de Angicos,
Que era um terreno espaçoso,
Silencioso, cheiroso,
Certamente um dos mais ricos.

Ou mesmo o mais rico para
Alguém ficar acoitado.
Lampião julgava que,
Naquele canto afastado,
Teria um pouco de paz
E, em situações normais,
Não seria incomodado.

E ali ele acampou com
Mais de trinta cangaceiros,
Que passaram sete dias
À sombra de juazeiros
E quase nada fizeram,
Sem saber que aqueles eram
Os seus dias derradeiros.

E o bando todo naquele
Melhor dos isolamentos
Precisava conseguir
Os triviais mantimentos,
Incluindo informações,
Armamentos, munições
E os capitais alimentos.

Para tanto tinham que
Confiar nos companheiros,
Vigiar os inimigos,
Acreditar nos coiteiros,
Olhar onde pôr o pé
E desconfiar até
De ventos, cores e cheiros.

Um tal de Pedro de Cândido,
Em quem Lampião botava
Muita fé, se ofereceu
Pra comprar o que faltava.
E com seu irmão Durval
Não foi forte. Agiram mal,
O que ninguém esperava.

Moreira de Acopiara

Mas há quem diga que a dupla
Foi brutalmente espancada
Pra revelar onde estava
Descansando (ou acoitada)
Aquela malta sedenta,
Belicosa, violenta,
Cruel e mal-humorada.

Os torturadores foram
Os comandados de João
Bezerra, um jovem tenente
Que queria promoção.
E essa promoção viria
Se esse tenente algum dia
Extinguisse Lampião.

Então ele preparou
A tropa como queria,
E rumaram para a Grota
Na hora que amanhecia.
Veja a coisa como é:
Bezerra sabia até
Onde Lampião dormia.

E estava informado sobre
A posição da barraca.
Todo soldado que é muito
Cuidadoso só ataca
Quando estuda o ambiente,
Ou de tudo está ciente,
Por isso é que se destaca.

LAMPIÃO NA TRILHA DO CANGAÇO

Em vinte e oito de julho,
Quando os bandidos rezavam,
O sol dava o ar da graça
E os cachorros cochilavam,
Fina garoa caía,
A natureza sorria
E os soldados atacavam.

Alguns soldados traziam
Potentes metralhadoras,
Modernas e eficientes,
Grandes e devastadoras.
Assim que elas dispararam,
Os cangaceiros notaram
Cenas estarrecedoras.

Lampião, desprevenido,
Foi o primeiro a cair,
Juntamente com Maria,
E sem poder reagir,
Já mortalmente ferido.
E quem não foi atingido
Tratou logo de fugir.

Quase cinquenta soldados,
Quase quarenta bandidos.
Desse total, onze deles
Tombaram desfalecidos.
Os que ali não faleceram,
Por muita sorte, correram,
Vendo os seus sonhos perdidos.

Moreira de Acopiara

Os que ali tombaram foram
Luiz Pedro, Lampião,
Maria, Caixa de Fósforo,
Enedina, Mergulhão,
Mais Diferente e Moeda,
Mortos sem notar a queda
Do atirador Adrião.

Quinta-feira e Cajarana
Também estavam naquela
Hora amarga, com Elétrico,
Ou Alecrim… Ou Macela…
O certo é que onze morreram
A bala e não receberam
Oração, choro nem vela.

Depois os soldados, como
Periculosos incréus,
Recolheram dos vencidos
Ouro, dinheiro, chapéus…
Depois os decapitaram.
Essas cabeças viraram
Assustadores troféus.

Recolheram os embornais
E tudo o mais que encontraram.
Depois partiram às pressas,
Pela mata se embrenharam
Procurando proteção,
Com medo da reação
Por parte dos que escaparam.

CANGAÇO NUNCA MAIS

Nessa guerra sem limite,
Como a gente tem sofrido!
Dia e noite na TV
Eu muito tenho assistido
O quanto a imprensa alarma:
Bandido exibindo arma
Sem medo de ser punido.

Quem não toma bom partido
Pratica barbaridade,
Fecha os olhos pra justiça,
Pra razão e pra verdade.
E eu vejo, sem paciência,
O fogo da violência
Queimando a felicidade.

Moreira de Acopiara

Eu quero a humanidade
Longe de guerra e terror,
Quero esperança sem fim,
Saúde a todo vapor,
Olhando a chuva que vem
Molhar a terra do bem,
Pra colher safra de amor.

Eu quero que o agressor
Mude o seu jeito de agir,
Que todo mundo construa
Forte escada pra subir,
Bote um riso no semblante
E não veja o semelhante
Sem saber aonde ir.

Eu nunca vou desistir
De ser um irmão da paz,
De querer dias melhores,
Declarar "somos iguais",
De usar a inteligência,
Dizer não pra violência
E "Cangaço, nunca mais".

Desejo pra os meus iguais
A recompensa devida.
Que cada dono de casa
Mantenha a família unida,
Que a vida seja normal,
Tendo o apoio total
Na chegada e na partida.

Quero a juventude unida,
Com dez na educação;
Que um tenha pelo outro
Afeto, abnegação,
Respeito, amor e carinho,
Pra ajudar o seu vizinho
Num seguro mutirão.

Em vez de arma na mão,
Algo muito perigoso,
Eu quero que o jovem seja
Educado e generoso,
Honesto, tranquilo e puro,
Pra contemplar no futuro
Um país maravilhoso.

Quero respeito ao idoso,
Cuidado com a criança,
Desprezo total ao ódio,
Nota zero pra vingança,
Ano novo com progresso,
Pra vida muito sucesso,
Nota mil pra segurança.

Que o pobre tenha esperança,
Como tem todo empresário,
Pra festejar com seu povo
E avançar o necessário.
Que cada um pense bem
Pra nunca virar refém
De algum sistema precário.

Moreira de Acopiara

No mundo tem muito otário
Cometendo muito engano,
Mas eu quero consciência
Na vida do ser humano,
E a paz acabando briga.
Que todo mundo consiga
Realizar cada plano.

Que não haja desumano
Fazendo mal a ninguém,
Que os ricos e os pobres lutem
Pela construção do bem,
Do bom, do belo e do novo,
Porque quem cuida do povo
Muitas qualidades tem.

É constante o vai e vem
Nessa vida transitória,
Mas que venham para o povo
A serenidade, a glória,
Verba pra educação,
Poeta com condição
De escrever bonita história.

Desejo uma trajetória
De paz em cada ambiente,
Agricultor com apoio
De plantar sua semente
E dizer batendo o pé:
"Este lindo Brasil é
Um país que vai pra frente".

Eu quero um país decente,
Sem larápio vagabundo,
O progresso em toda área
Crescendo a cada segundo,
Sem ter denúncia vazia.
Que sejamos algum dia
País de primeiro mundo.

Quero que seja fecundo
O chão que me viu nascer,
Quero o roceiro com chance
De ver seu filho aprender
E dizer em alta voz:
"Como é bom pra todos nós
Tudo isso acontecer!"

Quero cada amanhecer
Trazendo a mais linda aurora,
E à tarde um crepúsculo que
Nunca fora visto outrora.
Depois que a lua surgir,
Eu também quero sentir
Prazer de sentar lá fora.

Quero ser tocado agora
Pela musa do Parnaso,
Sentir duas mãos macias
Dando forma ao nosso caso,
Eu sempre de fronte erguida
Olhando a paz refletida
Na água de um lago raso.

Moreira de Acopiara

Quero ter em curto prazo
O melhor entendimento,
Levar uma vida simples,
Sem guardar ressentimento,
Fugir de qualquer rancor,
Me consagrar no amor
Pra viver cada momento.

Não preciso de armamento,
Nunca gostei de arsenal
E quero ver o triunfo
Da grande paz mundial.
Pelo caráter que tenho,
Sou inimigo ferrenho
Daquele que faz o mal.

Quero ser original
Como a abelha no vergel,
Lembrar novena, bendito
E as brincadeiras de anel,
Pra nunca receber vaia.
Quem quiser cair, que caia,
Eu vou cumprir meu papel.

Através do meu cordel,
Já cheguei aonde queria,
Pois cantei sertão, cidade,
O amor, a paz e a alegria,
Exaltei a minha terra,
Os malefícios da guerra
E o poder da poesia.

A voz do dever me guia,
Determinando altivez.
No meu campo de pesquisa,
Trabalho das seis às seis,
Sempre fazendo o que é bom,
Pra poder honrar meu dom
E o sangue de camponês.

Assim vai mês e vem mês
Entre saudáveis rotinas.
A noite lança o seu manto
Sobre as mentes pequeninas.
Depois da chuva tem sol,
E eu sigo lutando em prol
Das tradições nordestinas.

Não quero enxergar ruínas
Nem parecer salafrário.
Fazendo o que acho correto,
Gerencio o meu horário
E afasto todo obstáculo.
A vida é um espetáculo,
E o mundo, um lindo cenário.

Usei meu vocabulário,
Meu verso e minha coragem.
E findo mais um trabalho,
Uma segura abordagem.
Vencendo qualquer tropeço,
Aqui vislumbro o começo
De uma comprida viagem.

AGRADECIMENTOS

Aristides Theodoro, jornalista baiano, contista maravilhoso e sabedor das histórias do cangaço.

Iracema M. Regis, jornalista cearense e poetisa. Foi quem primeiro leu estes textos.

Rogério Bonfim, brilhante advogado e empresário, orgulho de Crateús, mas acima de tudo amigo e um grande companheiro nestes dias sombrios.

Antônio Luiz Mota, empresário cearense que o Rio de Janeiro acolheu, e que soube me acolher e tornar minha vida melhor.

Jecivaldo Albuquerque e Jueste, sindicalistas de Osasco, nordestinos que admiro e amigos que não se afastam.

Zé da Cachorra, que muito gosta dos versos que escrevo.

E ainda: Dideus Sales, Dario de Sousa, Mikael Teixeira, Mandu Filho e Polasar Feitosa, em cujas companhias o tempo passa que a gente nem nota. E todos os meus colegas do mundo mágico do cordel.